日本再生への改革（要約）

明治維新が見落とした「日本の近代化の総仕上げ」

西嶋 修

はじめに

日本国民は、〝1990年代から継続する失われた30年の「日本の停滞」〟に、長年苦しめられています。その停滞の状況を要約しますと、**図1－1**の2021年の世界のGDPの上位6か国の、GDPの推移は、失われた30年の期間の日本の伸びが最下位でした。また、国民の豊かさを意味する、**図6－1**の国民1人当たりのGDPの推移では、日本は、世界の主要国のOECD加盟38か国の中で、1996年には5位でしたが、2021年には、24位（下から15位）で、今や先進国とは言えない状況です。もちろん、政府は、アベノミクスなどの、数々の政策を長年にわたり実施しましたがいずれも失敗し、国民の苦難の解消の目途はありません。このように、「日本の停滞」が、克服されずに延々と継続する最大の理由は、**日本の首相、政府、官僚、政治家、経営者、研究者などの皆様が、その原因の解明をできない**ことにあると判断しています。

① 失われた30年（「日本の停滞」）の原因の解明の経過

これらの人々が「日本の停滞」の原因の解明をできなかった理由は、次の日本人の特徴にあると推定しました。それは、**下記②(2)**のように、〝海外との交流が乏しい島国の日本が、長い歴史の中で自ら作り上げた伝統は、海外より優れていると盲目的に信じる、日本人には自覚がない**「精神的鎖国」**の特徴〟です。この観点から、筆者は、「日本の停滞」の克服の出発点の〝「日本の停滞」の**根本原因**〟を解明して、日本を再生させるための改革の検討を長年継続しました。まず、日本の伝統が「日本の停滞」などの日本の危機に影響を与えた、膨大な事実を特別視せずに聖域のない分析を行い、〝日本の伝統やそれに関する常識〟は正しくはなく、諸外国と同じように、日本の伝統には悪い面もあることを検証しました。次に、その結果を集大成して、〝「日本の停滞」の根本原因〟は、日本人の常識では世界で最も優れているはずの、〝日本の伝統の国家の統治法（**「伝統の統治法」**）〟であることを解明しました。そして、〝日本再生への改革　明治維新が見落とした「日本の近代化の総仕上げ」〟（**前著4**）を上梓しましたが、この検証のためにページ数が７００ページに増大しました。

この膨大な７００ページを読破するには、長い時間が必要になることから、本来、**前著4**が目的とした、多くの皆様に〝「日本の停滞」の根本原因〟をご理解いただくことが、事実上実現できなくなりました。

この問題を解消し、多くの皆様に最も重要な、〝「日本の停滞」の根本原因〟と『日本再生への改革』の骨子を、短時間でご理解いただくことを目指して、**文庫本の〝日本再生への改革（要約）明治維新が見落とした「日本の近代化の総仕上げ」〟（本書）**を上梓いたします。従いまして、本書では、**前著4**の〝日本人の伝統の問題点や常識の誤り〟の検証などの、多くの説明を省略していますので、それらに関しては、**前著4**をご参照いただくようお願い致します。

このように〝「日本の停滞」の根本原因〟は日本の「伝統の統治法」であるの、日本人には信じがたい結論の**前著4**が、誕生した経過を要約します。戦後の現代日本の産業は、**裏表紙の図**のように、世界初の大発展を遂げて、１９７０－80年代には黄金時代を謳歌し、当時の日本人の多くは、この発展を継続すれば、日本は、アメリカを追い越し、世界一の国家になると考えていました。この70年代の後半に日本の電機企業の技術者であった、30歳前後の筆者は、担当した半導体製品の占有率が世界一になる幸運に恵まれ、数年間、アメリカの一流の電気製品企業が、その半導体製品を全面的に使用する際の実務を主導しました。当時は、で、また、**第5章**①⑵の日本企業の自主規制などがなければ、アメリカ企業は倒産する時代着していました。日本の優れた伝統が戦後の発展を実現したとの常識が、日本人には定従いまして、筆者は、自信満々でアメリカに乗り込み議論や交渉を重ね、また、そのアメリカ企業と同業で、販売台数の面で彼らを凌駕していた、多くの日本企業とも同様の議論や交渉を重ねました。

この同じ時期のアメリカと日本の同業企業でのビジネスの経験の中で、筆者は、アメリカ人の方が日本人より、たとえば、的確な議論を行って短時間で的を射た結論に至るなど、聡明で思慮深く、いわば、各段に頭が良いこと。また、組織の運営でも、アメリカ企業では、目的の最適な実現に向けて、人材の増強や入れ替え、組織の強化や新設などを行うのに対して、日本企業では、担当者の死に物狂いの頑張りに多くを依存するなど、アメリカの方が各段に優れていること。それらを総合しますと、当時の日本は、アメリカに迫る勢いでしたが、これは一時的な現象で、アメリカには将来勝てないと痛感しました。そして、1990年代以降には、痛感した通り日本はアメリカに置き去りにされました。

筆者は、約45年前に痛感した、この日本にとっての大問題の原因の解明を行うために、その後、退職までの約25年間、100回以上のアメリカへの出張の機会を利用するなどして、細く長く日本とアメリカの差異の分析を継続しました。そして、分析成果を自分の権限が及ぶ範囲で、自社での業務に適用して、良い効果があることも検証しました。この付け焼刃ではない長期の分析の結果、日本人の常識と正反対に、〝「日本の停滞」の根本原因〟は、**次項②**の日本の「伝統の統治法」であることを確信しました。

ところが、その根本原因は、日本では全く注目されていないことから、発展を継続する日本を、子供や孫の世代に引き継ぎたいとの大それた思いもあり、退職後には、上記の分析を体系化して出版することを決意し、十数年を経て**前著4**と**本書**の出版に至りました。

② 〃「日本の停滞」の根本原因〃は日本の「伝統の統治法」

本書の内容をご理解いただく際の鍵になる、日本の伝統の国家の統治法には、日本人の常識とは大きく異なり、重大な欠陥がある状況を要約します。

(1) 日本は江戸時代後半から現在までの間に3回の国家存亡の危機に陥る

日本国民なら誰もが、日本は世界で非常に優れた国家であると信じたいと思っています。ところが、江戸時代後半から現在までの200年間に、**表紙の図**のように、欧米先進国は順調に進化する中で、日本だけは、一部の企業などが危機に陥るのではなく、国全体が、現在の「日本の停滞」を含む、3回の国家存亡の危機に陥りました。日本では話題になりませんが、この**第1章**④で分析する、日本が3回の危機を繰り返した事実は、日本は、世界で非常に優れた国ではなく、欧米先進国にはない、何か深刻な大問題を抱えた国家であることを意味します。しかも、その大問題、すなわち、〃「日本の停滞」の根本原因〃は、日本の国全体に共通の大問題で、かつ、江戸時代から現代を通じて日本の中で存在してきたと考えざるを得ません。この日本の歴史的な大問題を含む**前項**①の長年の分析により、江戸時代に徳川家康が日本の伝統を集大成して構築した、**上記①**の**「伝統の統治法」**が、大日本帝国、戦後の現代日本に引き継がれ、3回の日本の危機を引き起こしたことを解明しました。なお、**国家の統治法**とは、国家の活動の基盤であり、国家の活動の成果を左右する、Ⅰ国民に共通の考え方と文化、Ⅱこの1に基づき実行される、一般的な組織の運営の方法、Ⅲこれら1〜2に基づき実行される国家の政治の方法の3項目を意味します。なお、**本書**では、紙面の都合から、それらの中の**(一)国民の考え方**、**(二)組織の運営の方法**に関して論述し、**(三)政治の方法**に関しては、特に重要な点に絞って論述します。

(2) 戦略的、計画的に「理想」を実現できる事前解決型の「欧米型統治」

日本人は、一般的に**上記①**の「精神的鎖国」のため、日本と海外との比較に興味を持たず、国家の統治法に関しては、内容をほとんど知りませんが、日本は海外より優れていると信じています。それらの国家の統治法の、日本の**「伝統の統治法」**と、日本以外のG7諸国などの国々が使用する、世界で標準的な**「欧米型統治」**に関して、**前著4**で詳細に分析した結論の要約を**図0-1**に示します。

まず、図右側の青字の「欧米型統治」を要約します。

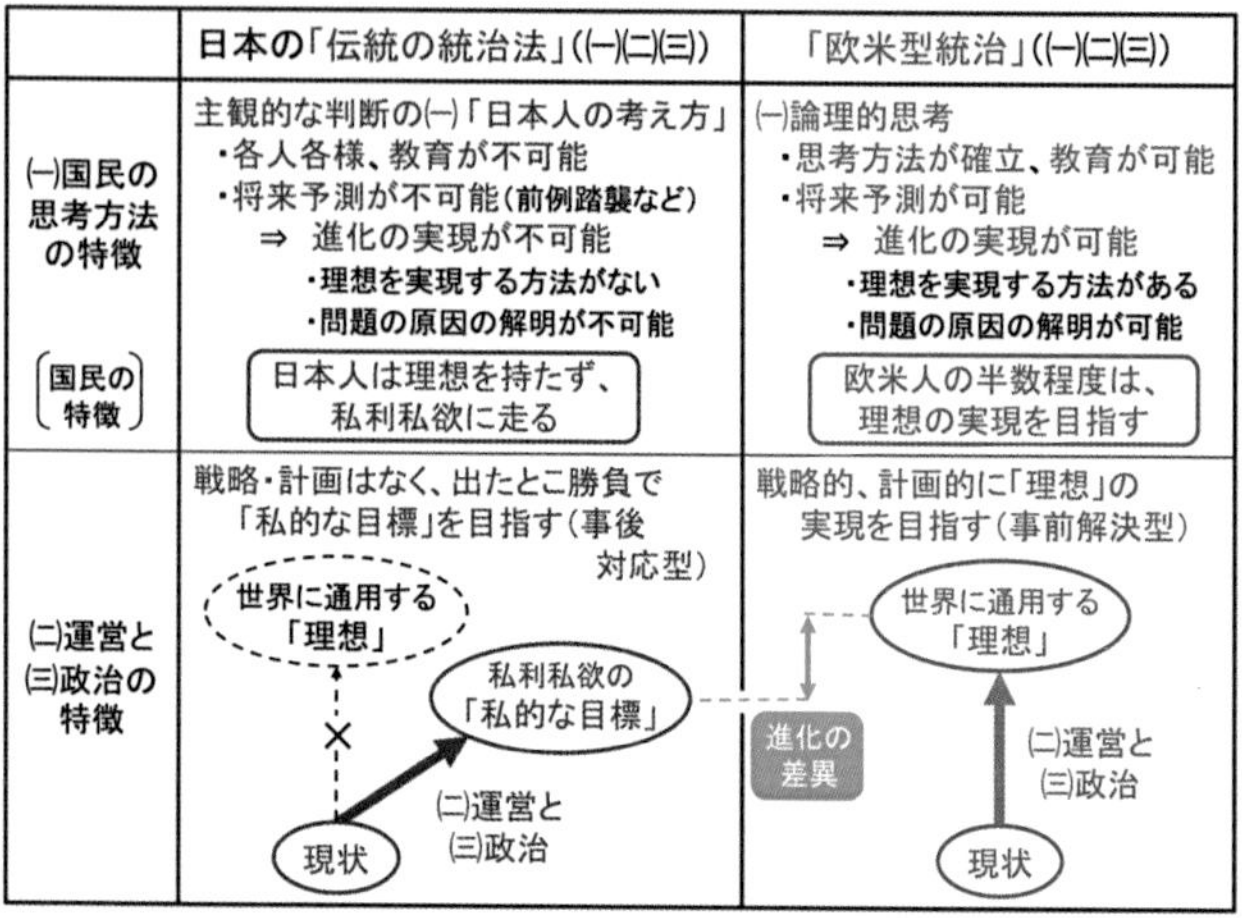

日本の「伝統の統治法」(㈠㈡㈢)
「欧米型統治」(㈠㈡㈢)
㈠国民の思考方法の特徴
主観的な判断の㈠「日本人の考え方」
・各人各様、教育が不可能
・将来予測が不可能(前例踏襲など)
⇒ 進化の実現が不可能
・理想を実現する方法がない
・問題の原因の解明が不可能
(国民の特徴)
日本人は理想を持たず、私利私欲に走る
㈠論理的思考
・思考方法が確立、教育が可能
・将来予測が可能
⇒ 進化の実現が可能
・理想を実現する方法がある
・問題の原因の解明が可能
欧米人の半数程度は、理想の実現を目指す
㈡運営と㈢政治の特徴
戦略・計画はなく、出たとこ勝負で「私的な目標」を目指す(事後対応型)
世界に通用する「理想」
×
私利私欲の「私的な目標」
㈡運営と㈢政治
現状
戦略的、計画的に「理想」の実現を目指す(事前解決型)
進化の差異
世界に通用する「理想」
㈡運営と㈢政治
現状

図0－1　日本の「伝統の統治法」と「欧米型統治」

「欧米型統治」は、**第7章②(3)**の㈠欧米人の考え方の「論理的思考」、**第8章②(1)**の㈡運営の方法の「合理的組織運営」、**第4章③**の㈢政治の方法の「本来の民主主義」で構成されます。

「論理的思考」は、紀元前から、欧米人が、自らの活動を進化させるために、改良を延々と継続したもので、体系化された**思考方法が確立**しており、子供を含む全ての人への**教育が可能**です。その「論理的思考」では、**第7章②(3)**のように**将来予測が可能**であり、それは、**進化の実現が**

可能であること、すなわち、将来の高度な**理想を実現する方法があること**を意味します。また、進化の実現の道筋を逆にたどれば、**問題の原因の解明が可能**です。この国民の考え方に起因して、全員ではないものの、**第2章③⑵**のように、**欧米人の半数程度**は、問題を克服して**理想の実現を目指します**。そして、欧米は、自然法則、いわば、自然現象が安定して実現される場合などの**「理想」の状態**を、**〝変わることがない「絶対的判断基準」〟**として、「論理的思考」を実行することにより、驚異的な自然科学の分野の進化を実現しました。

さらに、**欧米先進国は**、自然科学を進化させた**「論理的思考」を、人の活動の分野（社会科学と総称）に適用して、組織の運営や政治の飛躍的な進化を実現し**ました。その実現には、**前著４**のように、**社会科学の分野に**、自然科学の自然法則に対応する、全ての人が必ず順守する、**変わることがない「絶対的判断基準」を策定する必要**があります。その基準としては、**第４章②**の理由から、目の前の利益目標などではなく、「精神的鎖国」にも縛られない、国連憲章のような、**『将来にわたり世界中の人々が共有して目指し続ける、考え得る限り最高の〝世界に通用する「理想」〟』**しかありません。従いまして、欧米では、まず、国家は、

「理想」に沿う自国が実現を目指す国家像を**憲法**で示し、企業などは、同じように経営理念などを示します。そして、それらの憲法などを**「絶対的判断基準」**として、**「論理的思考」**に基づく**㈡運営と㈢政治**を実行し、**図０－１**の下段右のように、国家や企業などの組織は、問題がある**現状**から、〝**世界に通用する「理想」**〟に向けた進化を継続します。それらの結果、**欧米は、「欧米型統治」**により**第８章②⑴**のように、**戦略的、計画的に、**〝**将来予測**を行って問題の発生を最小限に抑える**事前解決型**〟の**㈡運営と㈢政治**により、**「理想」の実現を目指します。**

⑶　戦略・計画はなく、事後対応型で「私的な目標」を目指す「伝統の統治法」

日本の「伝統の統治法」の要約を**図０－１**の左側の赤字で示します。日本では、明治以降は自然科学の分野の実務は「論理的思考」に移行しましたが、江戸時代以前の自然科学の実務、自然科学を含む全ての時代の運営、政治などの社会科学の分野の人の活動には、**図０－１**の赤字の㈠**「日本人の考え方」**が用いられます。**日本人の皆様方は、この社会科学の分野の自分の行動、政治、運営などを、進化させる思考方法を教えられた記憶はないはずです。**なぜなら、日本では、体系的な思考方法が確立されておらず**教育が不可能**で、〝**各人各様**の**主観的な判断**〟

を行う以外に方法はないからです。「日本人の考え方」の主観的な判断では、普遍的な基準などではなく、個人の知識や体験などを総合した主観に基づき判断し、**前例や体験の踏襲**が一般的です。また、その判断では、体系的な**将来予測が不可能**で、**進化の実現が不可能**なため、**日本人は、実現する方法がない理想を持つことはなく、私利私欲に走ります。**さらに、進化の実現が不可能な日本人には、**問題の原因の解明や、**成功確率が高い戦略・計画の策定は**不可能**です。

その結果、**日本の「伝統の統治法」の㈡運営（「日本型組織運営」と呼ぶ）と㈢政治**では、全国民の幸福などの〝世界に通用する「理想」〟を目指すことはなく、〝自らの利益などの**私利私欲の「私的な目標」**〟を目指す特徴。**第3章③**⑵のように、〝**戦略・計画はなく出たとこ勝負**で活動を行った結果を見て、問題の手直しや次の施策を実行するなどの**事後対応型**〟の活動を行う特徴があります。

⑷ 〝「日本の停滞」の根本原因〟は日本の「伝統の統治法」

日本と欧米先進国の統治法の**前項**⑶と⑵の差異は、必ず時間とともに、**図0-1**の緑色の両者の**進化の差異**を発生させて、〝「日本の停滞」の根本原因〟になり、現在の日本は国家の危機に陥っています。ところが、「精神的鎖国」状態の日本人は、このような公平な世界との比較を行うことなく、日本の「伝統の統治法」は、日本が世界に誇る優れた宝と盲目的に信じています。そして、日本全体が、その優れているはずの「伝統の統治法」を、金科玉条として守り続けることから、30年間も停滞が続く原因の解明すらできず、「日本の停滞」が継続して、日本は後進国に落ちぶれかねない国家の危機に陥っています。

なお、日本人の常識では、日本人は世界的に聡明で公平な民族とされていますが、実際の活動は**図0－1**のように常識とは正反対の特徴があります。また、上記の論述から、**島国の日本の主観的な判断を行う伝統的な「日本人の考え方」は、**欧米が長年進化させてきた「論理的思考」と対照的に、まさに、**ガラパゴス化**で、**古代以来ほとんど進化していない**ことは明らかです。それに伴い、**G7の中で古代人と類似の考え方の日本だけが、彼らに後れを取る**原因になります。

③「伝統の統治法」の欠陥に気付くことが〝日本再生の出発点〟

従いまして、日本人が、「精神的鎖国」から解放され、世界で最も優れていると強い自信を持つ「伝統の統治法」には、日本以外のG7諸国の「欧米型統治」と比較して、**前著4**が論述した**図0－1**の重大な欠陥があると気付くことが、〝**日本再生の出発点**〟になります。そして、その日本人が従来全く気付かなかった、日本人全員に共通の「伝統の統治法」の欠陥を認識し、克服する改革を日本中で実行しない限り、日本が自滅するのを避けることはできません。

このような観点から、本書では、まず、皆様方に、〝**「日本の停滞」の根本原因**〟**は日本の「伝統の統治法」**であることを、ご理解いただくことに重点を置いて論述し、その後、『日本再生への改革』に関して簡単に要約します。

謝辞

本書の出版にあたりましては、中村信子代表をはじめ、株式会社ＮｅｗＹｏｒｋＡｒｔの皆様から、4冊の前著を含めて10年にわたり、貴重なアドバイス、多大なご支援を賜りました。これらのご支援などがなければ、前著4と本書の2冊の、『日本再生への改革』が日の目を見ることはありませんでした。皆様方に心から感謝申し上げます。

目次

第8章　3つの近代化による『日本再生への改革』……163

第1章 〝「日本の停滞」の根本原因〟の解明の新しい視点

日本国民が1990年代から30年間も苦しめられている、「日本の停滞」の最大の問題は、**はじめに**のように〝「日本の停滞」の根本原因〟を解明できないため、その〝根本原因を取り除く**原因療法**〟を行い、「日本の停滞」を完全に克服できないことです。**前著4**では、この従来にはない新しい視点から、根本原因を解明して原因療法を行い、日本を再生する改革の提案を目指しました。

①「日本の停滞」の状況

2021年の世界のGDPの上位6か国の、1990年代以降の「日本の停滞」の期間の、GDPの推移を**図1－1**に示します。この期間の**6か国のGDPの伸び率では、日本が最低で**あることに加え、**停滞を継続**しており、**アベノミクス以降の停滞が顕著**です。また、この図からは日本は世界3位の経済大国と言えますが、後述する**図6－1**の、2021年の国民1人当たりのGDPでは、日本は、世界の主要国の**OECD**加盟38か国の真ん中よりかなり下位の24位で、先進国とは言えない状況に落ちぶれています。

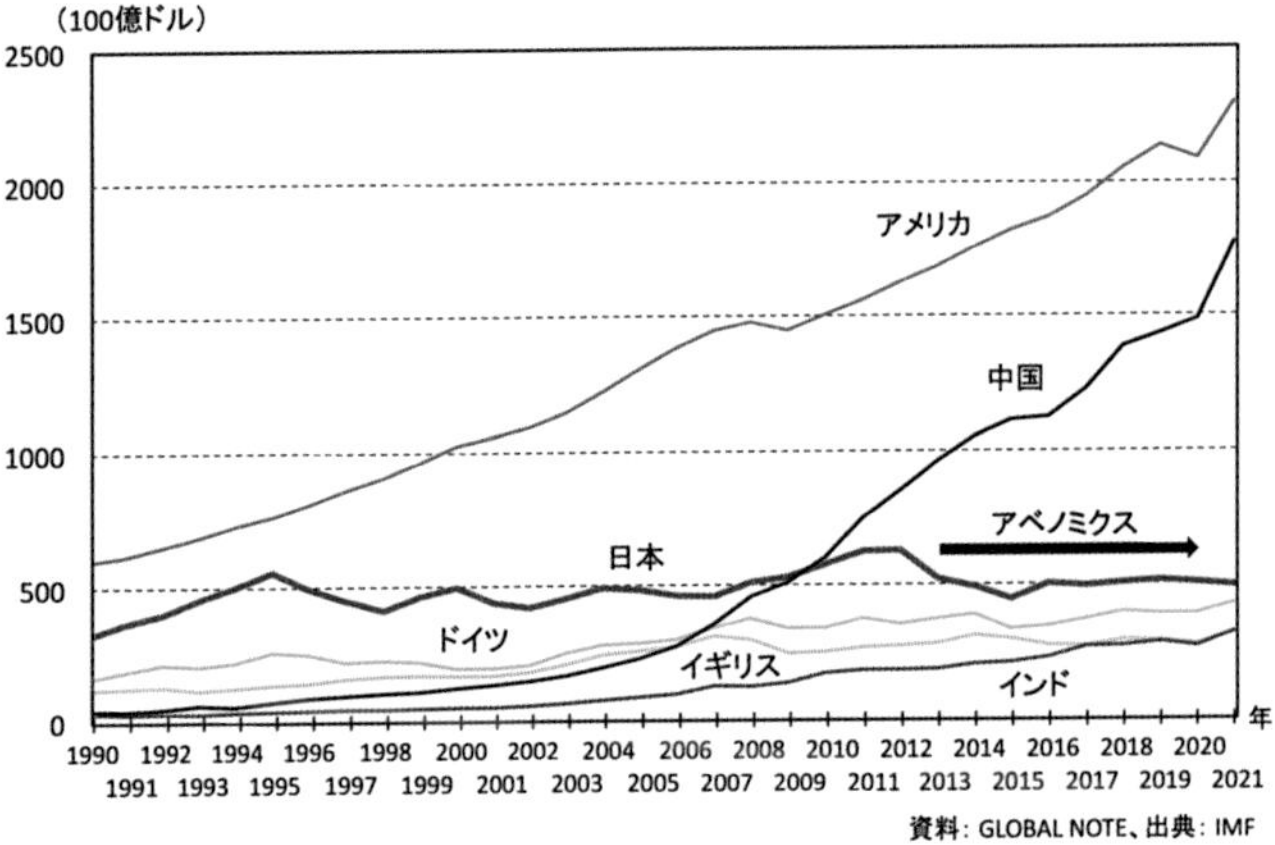

図１－１　世界の上位６か国のGDPの推移

図１－２は、太平洋戦争直後からのアメリカと日本のGDPの推移を示したものです。**日本のGDPは、戦争直後の1946年の4000億円強**（300億ドル弱）から復興と〝**発展**〟を継続して、**1968年には約52兆円**（1400億ドル強）**に拡大し、〝世界第二の経済大国〟**になりました。

そして、**1970－80年代には、日本の経済は〝黄金時代〟**を迎え、日本は1946年から1980年代の間に、世界の歴史上初の大発展を実現して、GDPは100倍以上に拡大しました。

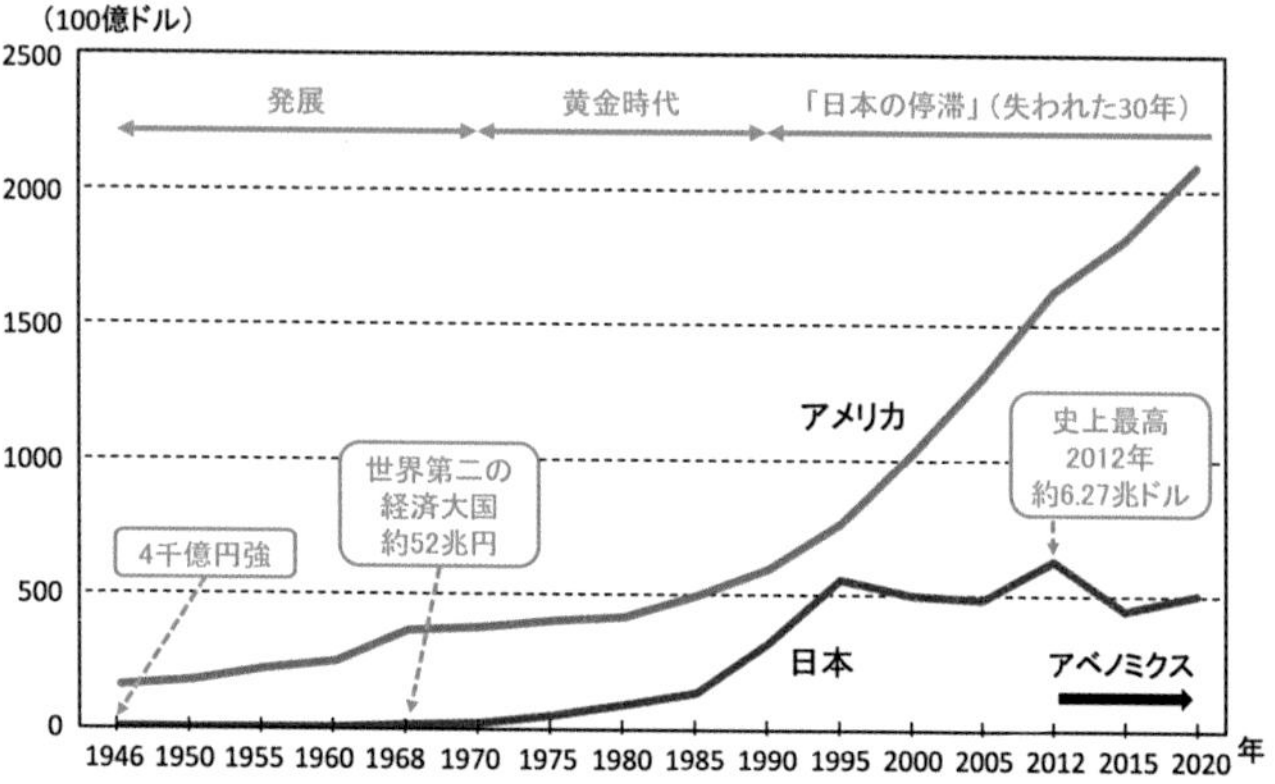

(注1) 1885年以前の日本: 内閣府統計などから筆者が算出
1985年以前のアメリカ: アメリカ合衆国の経済史(Wikipedia)

(注2) 1990年以後:
資料: GLOBAL NOTE、出典: IMF

図1－2　戦後の日本とアメリカのGDPの推移

その後1990年代からは、〝**失われた30年**〟とも呼ばれる、上記の日本中が苦しめられている**「日本の停滞」**に陥りました。

この**図1-2**から判断しますと、日本の状況は、1990年代を境に前半の発展の時期と、後半の停滞の時期に明確に分かれています。そして、後半の1990年代以降には、**図1-1**が示すように、世界中の大きく発展したアメリカ、中国、インド、堅実に発展したドイツ、イギリスと比較して、日本は、長年の「日本の停滞」に苦しんでいることは明らかです。

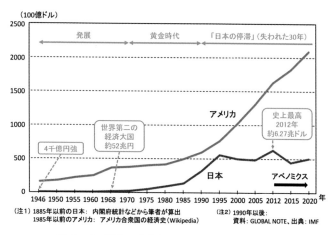

② 〝「日本の停滞」の根本原因〟の解明に向けた取り組み

〝「日本の停滞」の根本原因〟が解明できない大問題に関して、**前著4**が着目した点は、「日本の停滞」は、軍事攻撃や経済制裁などの、国外の原因で発生してはいないこと。日本には国の停滞や自滅を目指す組織はないこと。**下記④**のように、**「日本の停滞」と類似の問題が、江戸時代後半以降に繰り返し発生**したことです。この状況から、過去の常識や伝統を引き継ぎ多様性がない日本人が、それらに忠実に沿い、各自の利益を目指して活動した。ところが、日本人が原因の解明を行えない共通の根本原因のために、日本人には予測できない墓穴を掘り、「日本の停滞」と類似の問題が、繰り返し発生した可能性があります。

その根本原因は、全ての日本人の活動に大きな悪影響を及ぼす特徴1があり、江戸時代から現代までの期間に、ほとんど変化しなかった特徴2がある、日本人に共通の伝統の可能性が考えられます。**前著4**では次項以降で論述するように、この特徴1から、根本原因として、全ての日本人の活動の成果を左右する、**はじめに**－②⑴の㈠国民の考え方、㈡組織の運営の方法、㈢政治の方法の3項目で構成される、日本の国家の統治法に注目しました。また、この国家の統治法は、**第2章④⑴**のように、政府が国を挙げて強力に改革を実行しない限り変わらずに、親から子供へと世代を超えて、長い期間にわたり引き継がれます。それに伴い、特徴2のように、**江戸時代から現代日本では、同じ伝統的な統治法（「伝統の統治法」）が、用いられた可能性があります。**従いまして、これらの各項目を検証することにより、〝「日本の停滞」の根本原因〟の解明を目指します。

③　現代日本で発生した「日本型の発展・自滅」とは？

前著4の特徴は、過去の日本で「日本の停滞」と類似の問題が繰り返し発生した事実に着目したことで、その問題の発生の有無の判定には、〝**図1－2**の進化の特徴を概念化したモデル〟の**図1－3**を用います。図の中段の横軸は**時間**を示し、その時間の推移の現代日本の例を下段の細破線の枠内に示します。図の中段の縦軸は組織の成果の**進化のレベル**を示します。その中段の2つの赤い太線の矢印が、**図1－2**の戦後の日本（現代日本）の成果（ＧＤＰ）の進化の特徴を

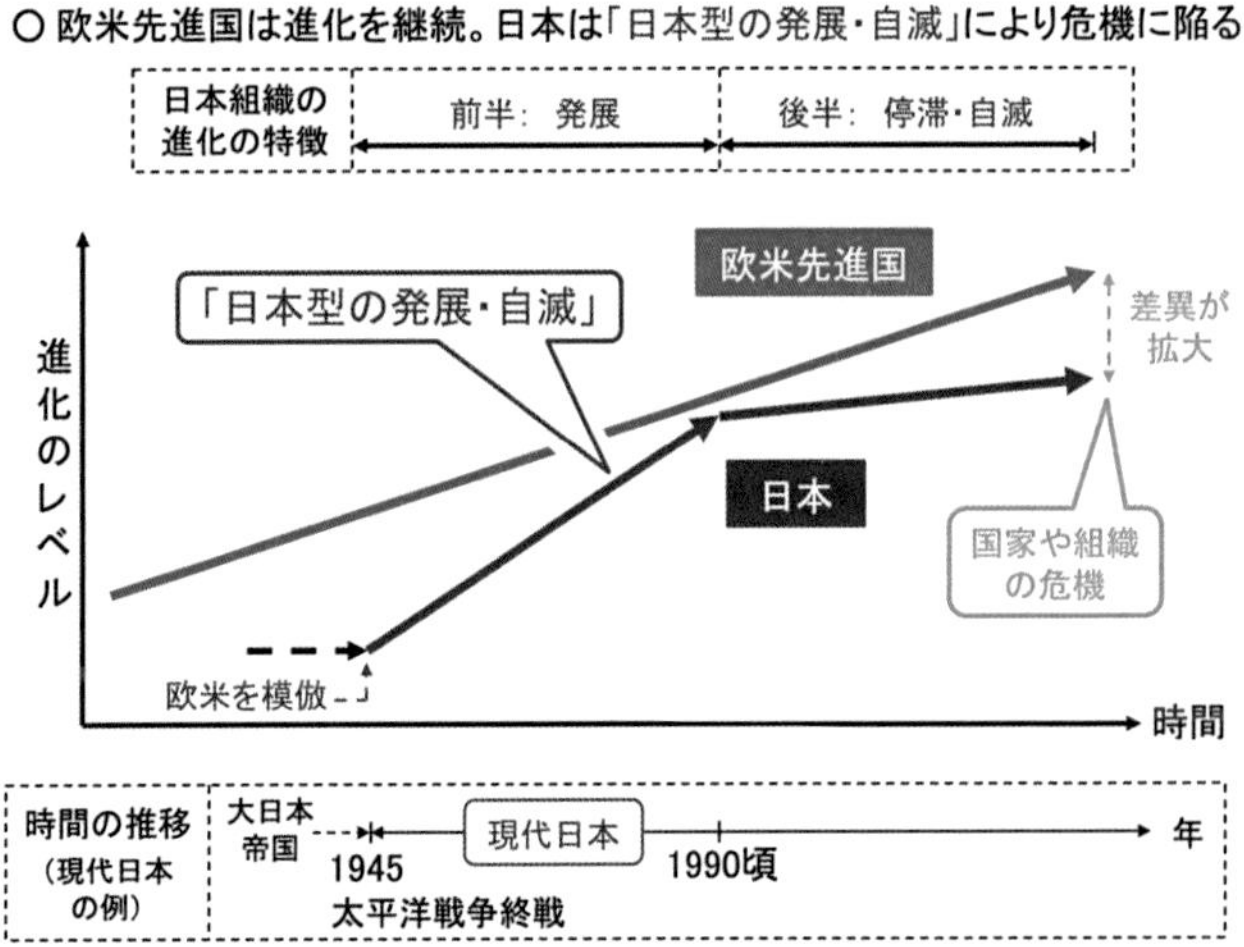

図１－３　「日本型の発展・自滅」を概念化したモデル

概念化したものです。この赤矢印は、図の上部の細破線の枠内の赤字のように、**前半**では**欧米を模倣**して**発展**を実現し、**後半**では**停滞・自滅**に陥ります。〝この**赤矢印**の時間的な推移を、**「日本型の発展・自滅」**〟と名付けます。

図の中段の**青矢印**は、**図１－２**のアメリカに代表される欧米先進国が、停滞することなく順調に進化する特徴を概念化しています。

これらの両者の特徴の結果、**日本は**、時代の**前半**では、**欧**

米を模倣して進化を実現し、**欧米先進国**に相当追いつきます。ところが、時代の**後半**では**日本**は**停滞**に陥り、時間の経過に伴い、進化を継続する欧米と日本の**差異が拡大**して、日本は**国家や組織の危機**に陥ります。

なお、この「日本型の発展・自滅」は、日本の企業などの組織でも同じように発生し、また、欧米先進国の組織は、国家と同じように進化を継続しますので、この**「日本型の発展・自滅」の概念は、幅広い組織の活動に適用できます。**

④「日本型の発展・自滅」による3回の日本の国家存亡の危機

日本人には、徳川家康は、日本の戦国時代を終わらせて、260年の太平の世をもたらした。大日本帝国は、明治維新の改革により日本の近代化を実現して、世界有数の先進国に発展させた。現代日本は、太平洋戦争の終戦の混乱の中から、日本を世界第二の経済大国に発展させたとの常識が、幼少期からの歴史教育により定着し、**日本人には、日本はいつも発展を継続してきた国家であるとの、幻想が定着**しています。ところが、現実には、江戸時代後半以降の約200年間に、

○ 欧米先進国は進化を継続し、日本は「日本型の発展・自滅」により3回の危機に陥る

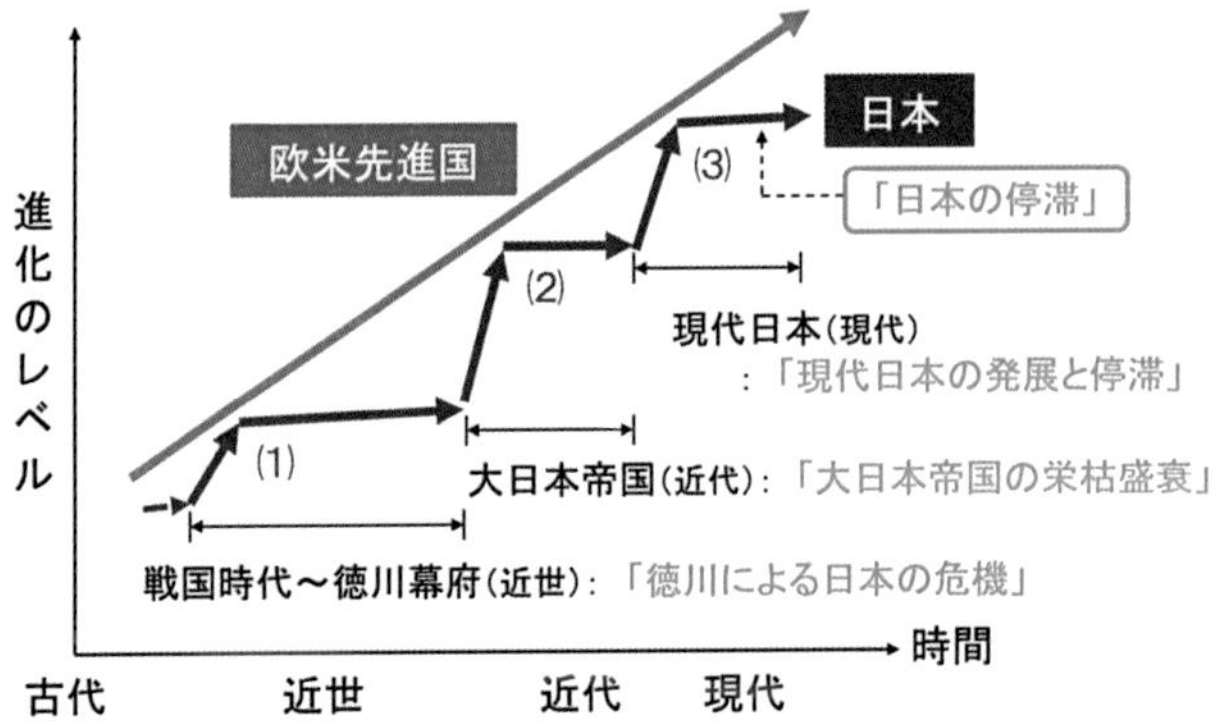

図1－4　3回繰り返し発生した「日本型の発展・自滅」

現在の「日本の停滞」を含め合計3回の、「日本型の発展・自滅」が発生しました（図1－4）。

(1)「徳川による日本の危機」

日本は、**近世**の前半の**戦国時代**には、**欧州を模倣**した火縄銃による、国内の激しい競争のために大きく発展し、欧米との進化の差異はほとんどありませんでした。ところが、後半の**徳川幕府**の末期の日本は、鎖国の間に大きく進化した、欧米先進国とは比較にならない後進国に落ちぶれ、彼らの植民地にされかねない国家の危機に陥りました。この事実は、**第2章**で論述するように、日本は、近世の前半の戦国時代には発展し、後半の徳川

幕府の時代には停滞する、**図1‐4**の⑴の「徳川による日本の危機」と名付けた、「日本型の発展・自滅」が発生したことを示しています。

⑵「大日本帝国の栄枯盛衰」（**第3章**で論述）

明治維新後の**近代**の**大日本帝国**は、欧米が帝国主義の時代であった前半には、日本を幕末の後進国から大きく発展させ、日本史上で最大の領土を獲得して、世界の列強の1つになり欧米にほとんど追い付きました。その後、世界中の多くの国家は、帝国主義の外国侵略・領土拡大を継続すれば、世界が滅亡することから、帝国主義を卒業して、法の支配に基づく民族自決に進化しました。ところが、日本は、相変わらず従来の帝国主義の領土拡大を継続し、帝国主義の外国侵略に反対する世界中の国々を相手に、太平洋戦争を仕掛けて敗退し自滅しました。この事実は、大日本帝国は、時代の前半には**欧米を模倣**して発展し、後半には世界の進化に追随できずに停滞して自滅する、「大日本帝国の栄枯盛衰」と名付けた、**図1‐4**の⑵の「日本型の発展・自滅」を発生させたことを示しています。

⑶「現代日本の発展と停滞」（**第5章**で論述）

それに加えて、太平洋戦争後の**現代日本**は、**図1‐1〜3**のように、**図1‐**

4の⑶の「現代日本の発展と停滞」と名付けた、「日本型の発展・自滅」を発生させて、現在では「日本の停滞」の国家の危機に陥っています。

⑷ 日本は3回の「日本型の発展・自滅」の国家の危機に陥ったことは確実

このように日本人の日本史の常識に沿って、各時代の発展だけに注目するのではなく、日本の発展の後に発生したことが確実な停滞などの歴史の全体を、常識にとらわれず冷静に俯瞰するだけで、次の重要な日本の歴史の事実にたどり着きます。すなわち、江戸時代後半から現在までの200年の間に、欧米先進国は進化を継続した中で、日本は、3回も「日本型の発展・自滅」を発生させ、3つの時代の後半には、国家存亡の危機に陥りました。

この状況から、**はじめに－②⑶**のように、日本人は、それらの日本の国家存亡の危機の、根本的な原因の解明を実行できないため、政府は、**欧米を模倣**した表面的な**対症療法**の改革を実行しただけで、その根本原因を除去する原因療法の改革を実行できなかった。それに伴い、**図1－4**のように、1回目の幕末の日本の危機に引き続き、同じ根本原因に起因して、2回目の太平洋戦争の敗戦による日本の危機、3回目の現在の「日本の停滞」の日本の危機が、繰り返し発生した可能性が考えられます。

もし、この仮説が正しい場合には、徳川幕府、大日本帝国、現代日本の各時代に、**3回も日本を国家存亡の危機に繰り返し陥れた、「日本型の発展・自滅」の根本原因を、解明して除去する原因療法の改革を実行しない限り、「日本の停滞」の完全な克服と、将来の日本の危機の再発防止は不可能**と考えられます。

このような観点から、**図1－4**の3回の⑴近世の「徳川による日本の危機」、⑵近代の「大日本帝国の栄枯盛衰」、⑶現代の「現代日本の発展と停滞」の、3つの「日本型の発展・自滅」に共通の根本原因があると仮定して、その根本原因の解明を進めます。

第2章　近世日本の「徳川による日本の危機」

図1－4の3つの「日本型の発展・自滅」の原因の解明の最初に、戦国時代から江戸時代の、近世日本で発生した「徳川による日本の危機」を分析します。

①　戦国時代から江戸時代の「徳川による日本の危機」

図1－3のモデルを用いて、近世日本（戦国時代～江戸時代）の、「徳川による日本の危機」の経過を**図2－1**に示します。この図の下側の細線の枠内には、日本と欧米（初期は欧州）先進国の進化の状況を要約しています。なお、日本人には、徳川家康は戦国時代を終わらせ、260年の太平の世を作った日本歴史の最大の英雄という常識が定着しています。ところが、この「徳川家康は正しい政治を実行した英雄」との、常識で判断する限り、徳川幕府の政治の問題を見つけられませんので、**下記⑶**のように、日本人の常識に囚われずに分析します。

⑴　戦国時代の日本と欧州先進国との間には大きな進化の差異はない

近世日本の前半の**戦国時代**では、日本も欧州も、政治は**専制政治**、社会は**手工業**の時代でした。**火縄銃の伝来以降の日本**では、**欧州を模倣**した火縄銃による、

○ 欧米先進国は進化を継続。日本は幕末には後進国になり国家の危機に陥る

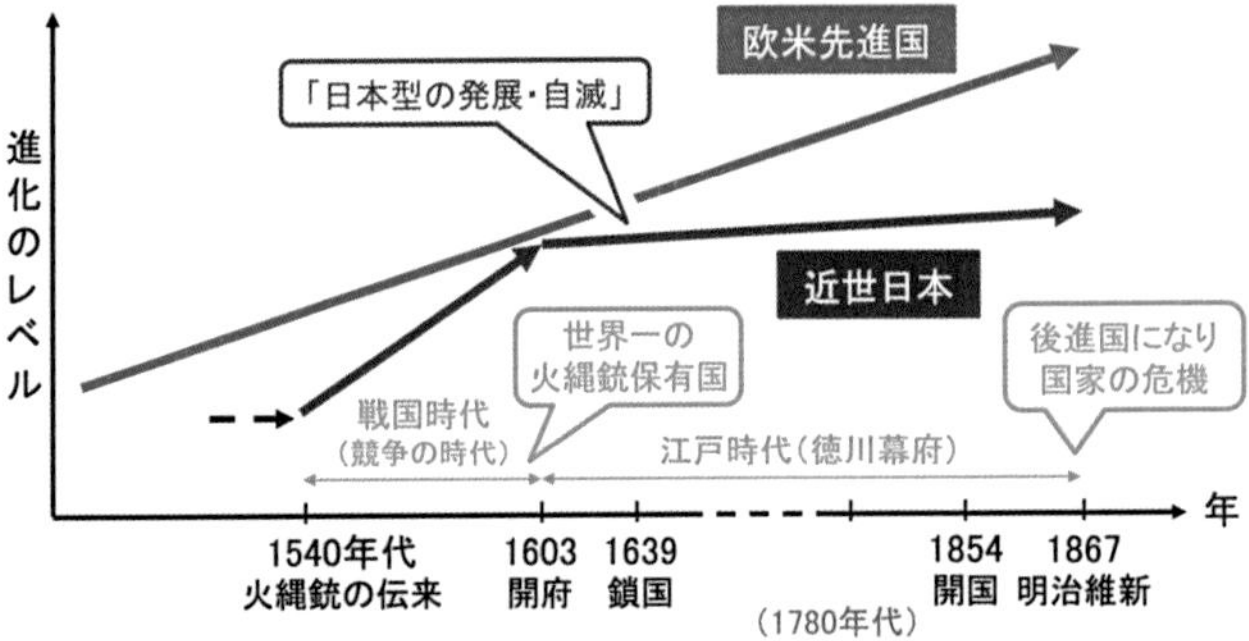

欧米の進化	専制政治 手工業	⇒	市民革命 産業革命	⇒ 民主主義 工業化社会
日本の進化	専制政治 手工業	⇒	「伝統の統治法」 手工業	⇒

図 2－1　「徳川による日本の危機」の経過

戦国大名たちの激しい**競争の時代**を勝ち抜いた、豊臣秀吉が全国を統一して日本の平和が実現されました。

ところが、私利私欲の徳川家康は、徳川家が日本の支配者になることを目指して、関ヶ原の戦いにより戦乱の世に逆戻りさせ、豊臣家から政権を奪い取りました。もし、家康が、太平の世の理想を目指していたのなら、すでに秀吉が構築した日本の太平を、豊臣政権の下で維持・強化すれば理想は達成されたはずです。

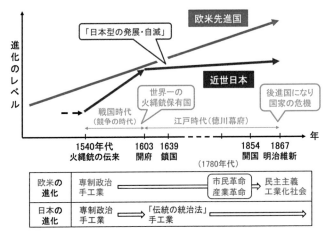

しかしながら、家康は日本史の常識と正反対で、〝徳川家が将軍として日本を支配するという「私的な目標」〟に、凝り固まっており、私利私欲に走って戦《いくさ》を仕掛けて、天下人になったことは確実です。なお、この頃には、戦国の**競争の時代**の中で進化した日本は、**世界一**の**火縄銃の保有国**に躍進して、**欧州諸国と進化のレベルでは大きな差異はありません**でした。

⑵　江戸時代の日本は完全に進化が停滞して幕末には後進国に成り下がる

この家康の私利私欲が日本を幕末の国家存亡の危機に陥れます。徳川幕府の**開府**の後の近世日本の後半の**江戸時代**には、家康は、「私的な目標」の徳川幕府が日本を支配する現状を永続させるため、大名から国民までの、日本中を完全に抑え込む強権政治を強固に定着させました。その政治は、**下記②⑴〜⑵**の〝**私利私欲の権力者の家康が、有史以来、絶対的権力者による独裁政治しかなかった、日本の政治の伝統を体系化して集大成した、極めて強権的な独裁政治の「伝統の統治法」**〟です。その強権政治で抑圧された日本では、大きな進化は生まれず、従来の**手工業**が継続し、反幕府勢力は弱体化されて、徳川の天下と太平の世が継続しました。そして、約260年の江戸時代には、日本の進化は停滞して**ガラパゴ**

ス化し、**図２－１**の**「日本型の発展・自滅」**が発生しました。

他方で、隣国などと切磋琢磨して国家の進化に励んだ、**欧米先進国**では、1780年代頃の**産業革命**、**市民革命**などにより、**工業化社会**、**民主主義**へ移行し、図の青矢印のように**順調に進化を継続**しました。それらの結果、**江戸時代の間に進化が停止した日本**は、未発達な**後進国になり**、幕末には、進化した欧米先進国との差異が拡大して、彼らの植民地にされかねない、**「徳川による日本の危機」**の**国家の危機**に陥り、徳川幕府は滅亡して**明治維新**に追い込まれます。

⑶　徳川家康は私利私欲から日本を国家存亡の危機に陥れた史上最悪の極悪人

このように、**家康は**、**私利私欲の「私的な目標」の徳川家の繁栄のために**、「日本型の発展・自滅」を発生させ、**日本を国家存亡の危機に陥れた**、**日本人の常識と正反対の史上最悪の極悪人**でした。また、歴代の徳川将軍も、同じ強権政治を推進した極悪人で、**２６０年の江戸時代の太平は**、**徳川の私利私欲の強権政治の副産物**に過ぎません。なお、上記から明らかなように、日本の**歴史教育**は、〝日本の権力者が政権の正統性を主張するために、自らを英雄として美化し捏造した、**第６章③⑵の虚像の日本史**〟を教えています。従いまして、本書では、日本史の常識を鵜呑みにせず公正な評価に努めます。

②「伝統の統治法」が「日本型の発展・自滅」の原因

図0－1にはない、家康が構築した、日本の「伝統の統治法」の重要な特徴を掘り下げます。なお、260年の江戸時代の間に徳川幕府が、幕府の永続のために、強権政治の**「伝統の統治法」**を、全力で全国に徹底したことから、その間に、**日本の社会に新しい伝統として極めて強固に定着**しました。

(1) 島国の日本に独特の「伝統の統治法」

図0－1の日本の「伝統の統治法」と欧米先進国の「欧米型統治」が生まれた、地政学的、歴史的な理由を論述します。他国と国境を接し相互に切磋琢磨する**欧州先進国**は、自国を完全に制圧するだけでは存続できず、常に、周辺国との間で人や情報の交流がある中で、自国を他国以上に進化させなければ存続できません。彼らは、紀元前以来の歴史の中で、国家の進化を実現するのは自国民の「論理的思考」であることを熟知しており、自国の独立維持、国力強化などを含む発展の

鍵の、国民の「論理的思考」の能力の向上を容認する政治を行いました。そして、**多くの国民の思考による成果を結集して、国家を発展させるために、〝世界に通用する「理想」〟を国家が目指す目的に掲げ、その実現に向け全国民が活動する、「欧米型統治」を生み出しました。**

他方で、**島国の日本**は、周囲を海で囲まれ、外国との人と情報の交流が限定的で、外国が海を越えて日本を攻撃することはない特徴1。日本には有史以来、絶対的な権力者による独裁政治しかなく、それが伝統として定着していた特徴2がありました。そして、**上記①⑵〜⑶**の私利私欲の亡者の家康が、これらの2つの特徴を最大限に悪用して、「伝統の統治法」を作り上げました。その**「伝統の統治法」**とは、**「島国の日本において、政府を支配する権力者が、国内の対抗勢力や国民を完全に制圧して、自らの利権の源泉である権力者の地位や政権を、永続させることに集中特化した、実質的な独裁政治の国家の統治法」**です。

⑵「伝統の統治法」の国内の完全制圧のための㈠愚民政策と㈡「独裁化制度」

その目的の達成のため、「伝統の統治法」には2つの特徴があります。その第1は、㈠〝国民に政権を批判する思考能力を持たせない**愚民政策**〟です。それにより、国民に、〝法の支配ではなく権力者に有利な、相手をだますなどの、どのような手段でも戦いに勝てば**「勝者が支配者」**、権力者への絶対服従、家柄・血統・世襲の重視、女性蔑視などの**封建的な常識**〟を強固に定着させました。その結果、国民には、頭で考えずに、その封建的な常識に基づく主観的な判断を行う以外の方法はなくなり、**日本人には多様性がなく、日本中が、その伝統の封建的な常識に沿って同じように行動する特徴**が、定着しました。

第2の特徴は、(二)〝対抗勢力を弱体化させ独裁政治の継続を可能にする、各種の制度、法律、慣例・慣習、伝統などの**「独裁化制度」**〟です。それらは、貿易や情報を遮断する鎖国、武家諸法度などの法律、大名の改易や正室・嫡子を人質にする江戸屋敷、大名に巨額の出費を強いる、参勤交代や天下普請などです。その結果、国内の対抗勢力による徳川幕府の打倒は不可能になりました。

(3) 島国の日本に独特の「伝統の統治法」が「日本型の発展・自滅」の原因

前項(1)〜(2)と**図0－1**の国家の統治法に起因する、日本と欧米先進国の進化を概念化しますと、**図1－3**の「日本型の発展・自滅」が発生する理由が明確になります（**図2－2**）。**青矢印の欧米の相当数の国民は、「論理的思考」**に基

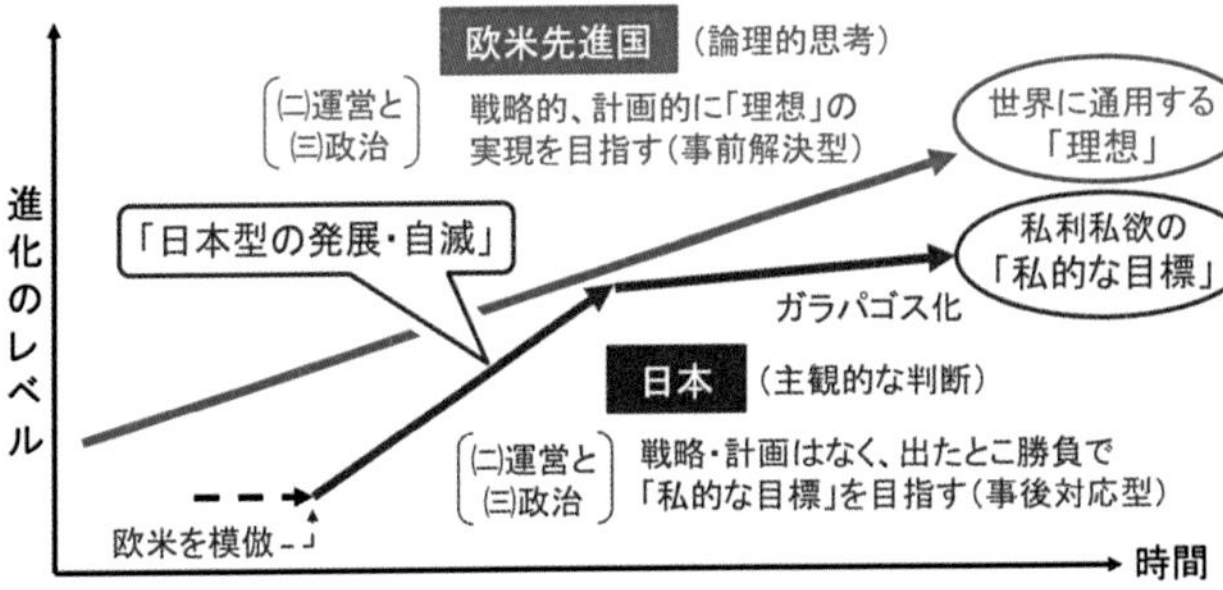

図 2－2 「日本型の発展・自滅」が発生する理由

づく戦略的、計画的な事前解決型の㈡運営と㈢政治により、物事を**〝世界に通用する「理想」〟を目指し進化させます。**そして、**図2－1**の産業革命による工業化社会への進化と、市民革命などによる、全ての人が能力を発揮できる、民主主義への進化が実現されました。

日本の「伝統の統治法」の**上記⑴～⑵の主観的な判断**は、進化の実現が不可能な思考方法で、**赤矢印の日本人は、〝戦略・計画などはなく、出たとこ勝負の事後対応型〟**で、**私利私欲の「私的な目標」を目指します。**そのため、日本が**欧州**（の鉄砲）**を模倣**して、戦国の競争で**発展した後、**私利私欲の権力者の家康が、天下を取ると、「理想」ではなく、**「私的な目標」**の自らの利権の源泉の、**徳川幕府を永続させる強**

権政治を徹底しました。その結果、眼中にない日本の発展が実現されるはずはなく、**日本はガラパゴス化して停滞・自滅に陥りました。**

このように、私利私欲の権力者の家康が生み出して日本に強固に定着させた、理想を持たない「日本人の考え方」などの**「伝統の統治法」が、江戸時代の「日本型の発展・自滅」の、「徳川による日本の危機」の原因**でした。

③「日本型の発展・自滅」は〝日本の自滅〟まで継続

日本に強固に定着した「伝統の統治法」に伴い、「日本型の発展・自滅」は〝日本の自滅〟まで継続する、日本にとって致命的な問題が発生します。

(1)「日本型の発展・自滅」を克服するには現政権の打倒が必要

「日本型の発展・自滅」は、日本の絶対的な私利私欲の権力者が、自らの利権が最大限維持される現状を継続するために、「伝統の統治法」により、強固な意志を持って、現状維持を独裁政治で継続し、ガラパゴス化することから発生しています。その日本を自滅に追い込む独裁政治をやめさせるには、権力者以外の国内の勢力の、国民が政権を打倒する以外に方法はありません。

⑵ 欧米と日本における政権交代

欧米では、国境を接した隣国の発展の情報の国内への流入などもあり、「論理的思考」の国民が、戦略的に政府の悪政を打倒する、**『「理想」を目指す政治勢力』**を結集しました。そして、その勢力が**国民の半数程度になり、**近世の市民革命・独立戦争や近現代の選挙により、**政権交代が実現**されました。

「伝統の統治法」の島国の日本では、鎖国や「精神的鎖国」などにより、諸外国の情報などが遮断されます。また、**愚民政策**のため、国民には、政府の問題に気づいたり批判したりする思考能力がなく、さらに、多種多様な**「独裁化制度」**により、反政府勢力が弱体化されています。それらのため、**市民革命や選挙などによる、政権交代を実現することができず、現状の政治が継続**されます。

⑶ 私利私欲の権力者のため「日本型の発展・自滅」は〝日本の自滅〟まで継続

それに伴い、「伝統の統治法」の日本では、私利私欲の権力者が引き起こす「日本型の発展・自滅」を、国内の力で克服するのは不可能で、〝日本の自滅〟まで継続します。そして、島国の日本の権力者の力を超える想定外の、**〝海外からの圧力の外圧〟が、唯一、「日本型の発展・自滅」を終わらせる手段**になります。

実際、幕末には外国と連携した国内の倒幕勢力により、明治維新が引き起こされました。ただし、この場合には、日本人自身が、日本の将来を決定できず外国に左右され、日本の独立が危機に陥る危険性があります。このように、**「伝統の統治法」は、日本の滅亡につながる致命的な欠陥を内包**しています。

④ 「伝統の統治法」が大日本帝国、現代日本に引き継がれる

私利私欲の権力者の徳川家康が江戸時代を通じて、日本に伝統として強固に定着させた「伝統の統治法」は、上記のように、「日本型の発展・自滅」を発生させる上に、日本を自滅させるまで継続する大問題があります。それに加えて、日本にとって最悪なことに、この問題だらけの「伝統の統治法」は、その後の大日本帝国、現代日本にも引き継がれます。その理由は下記の通りです。

(1) 国家の統治法を変えるには

各国の政治や企業などのあらゆる活動の成果を左右する、**〝国民に共通の考え方、文化、常識、組織運営、政治などの統治法〟は、各国の歴史の中で構築され、親から子供へと引き継がれます。**そのようにして、江戸時代の260年間に、日

本の国家の統治法として、上記の封建的な常識に基づく「伝統の統治法」が強固に定着しました。それに伴い、「伝統の統治法」を改革するには、**第6章①(1)**のドイツのように、政府が、長い歴史で国民に刷り込まれた、旧来の統治法を消し去るまで徹底的に、〝新しい統治法を身に着けさせる新統治法の教育〟を、全国民に何世代もの長期間継続する以外に方法はありません。それを実行しない限り、大問題を抱えていても、旧来の統治法が国民に引き継がれます。

(2) 日本には、適切な政治の改革を実行できる人材は皆無、思考方法が未確立

この状況の中で、日本は、幕末の国家の危機の後の明治維新の、国家の大改革に追い込まれました。そして、明治維新では、本来なら、幕末の国家の危機の根本原因であった「伝統の統治法」を改革する必要がありました。ところが、徳川幕府が、「伝統の統治法」を日本中に完全に定着させたため、日本には多様性がなく、民主主義を理解した国民は皆無で、封建的な常識に基づく「伝統の統治法」が体にしみ込んだ、日本人しかいませんでした。そのために、「伝統の統治法」で抑圧された民衆の中には、すでに確立されていた欧米の民主主義により、新生日本を指導できる人物は皆無でした。

また、もう1つの極めて重大な問題は、**日本では有史以来の全期間、思考方法を確立できなかったことから、図0－1**のように、**日本人には、複雑な「日本型の発展・自滅」の問題の原因の解明を行うのは不可能**なことです。本来なら、幕末の倒幕のリーダたちは、欧米先進国のように、幕末の日本の国家存亡の危機の根本的な原因は、「伝統の統治法」であることを解明して、倒幕後の日本の政治には、市民革命後の欧米のように民主主義の政治を採用するべきでした。ところが、原因を解明できない倒幕のリーダたちは、日本人特有の主観的な判断で、**第3章③(2)**の太平洋戦争の日本軍のように、新生日本を成功させる戦略も計画もない出たとこ勝負で、**次項(3)**の明治維新を推進しました。

(3) 日本では前時代の権力者が新時代に横滑りして「伝統の統治法」を継続

大日本帝国の政府の権力者には、倒幕を主導した、前時代の江戸時代の支配階級の武士が横滑りしました。彼らは、**前項(2)**のように、幕末の国家の危機の原因を解明できない上に、封建的な常識の「伝統の統治法」を熟知しており、それ以外の民主主義などの政治手法を理解できませんでした。それに加えて、彼らは、従来の「伝統の統治法」は、新政府の権力者の彼らが、独裁的な権力を保持するには最適の統治法であることを熟知していました。これらの状況から、大日本帝国の権力者は、**次項⑷**や**第3章①**⑴のように、新生の日本では、表面上は立憲君主制の政治を偽装して、実質的に「伝統の統治法」の、「偽装した君主制」の統治法を構築しました。このように大日本帝国は、「伝統の統治法」を引き継いだことから、**第3章**の2回目の「日本型の発展・自滅」の、「大日本帝国の栄枯盛衰」を発生させて、外圧の太平洋戦争の敗戦により実質的に自滅します。

戦後の現代日本では、上記の明治維新と全く同じように、前時代の大日本帝国の政治家や官僚が横滑りして権力者になり、彼らに好都合な民主主義を偽装した、「伝統の統治法」の**第6章④**の「日本流民主主義」を、現代日本に定着させます。そして、それが原因で、**図1－2**や**図1－4**の⑶の3回目の「日本型の発展・自滅」の「現代日本の発展と停滞」を発生させます。

⑷ 明治維新では日本の政治の「伝統の統治法」の近代化を見落とす

このように明治維新では、幕末の日本の危機の原因であった、「伝統の統治法」の近代化を見落としたことに関して補足します。その明治維新の約80年前に、米英仏は、**第4章③**の〝国民に「論理的思考」を教育し、全国民の思考の成果を結集して、国家を発展させる「本来の民主主義」〃に移行しており、明治維新の指導者たちは、イギリス、フランスも調査しました。ところが、〃世界に通用する「理想」を持たない彼らは、**図0－1**のように、思考能力が低く、日本の危機の原因の解明をできないこと。私利私欲に走って、自分達が明治政府で絶対的権力を握り続けるのを目指したこと。それらのために、英仏の民主主義ではなく、**第6章①(1)**の独裁政治のプロイセンの立憲君主制を模倣し、世界では廃れていく独裁政治の「伝統の統治法」を、**前項(3)**のように引継ぎました。

その**『「伝統の統治法」**は、島国の日本に特有の、国民に思考能力を教育しない(一)**愚民政策**や、〃国民をだます情報の歪曲など〃の(二)**「独裁化制度」**により、権力者が国政の利権を独占する実質的な独裁政治』です。

それに伴い、**国民が考えた成果を結集して、国家の発展を目指す欧米先進国の民主主義と、国民に考えさせず、権力者だけが国政の利権を独占する「伝統の統治法」の差異から、当然、日本は欧米に後れを取り国家の危機に陥ります。**

第3章　近代日本の「大日本帝国の栄枯盛衰」

図１－４の⑵の「大日本帝国の栄枯盛衰」の原因の解明を行います。

①　明治維新から太平洋戦争の敗戦の「大日本帝国の栄枯盛衰」

歴史教育で定着した日本人の常識では、明治維新で誕生した大日本帝国は、幕末には後進国に落ちぶれていた日本を、近代化して世界の先進国に発展させる、優れた政治を実行したとされています。ところが、２６０年もの間、徳川幕府が徹底した「伝統の統治法」が、短期間に近代化するはずがありません。

⑴　大日本帝国の政治：「伝統の統治法」の「偽装した君主制」

徳川幕府の支配階級の武士が横滑りした明治維新後の権力者は、明治憲法を制定して、大日本帝国は形の上では立憲君主制に移行しました。ところが、その政治は、**第２章④⑶**のように、実質的に軍部などの権力者が独裁政治を行う、**第２章②⑵**の特徴を持つ、次の「伝統の統治法」と同じ「偽装した君主制」でした。

すなわち、明治政府は、㈠**愚民政策**として、国民に進化を実現する「論理的思考」を教育せずに、教育勅語などにより天皇を神格化し、国民を反射的に天皇や政府に絶対服従させるなどの、封建的な常識を徹底しました。また、(ニ)**「独裁化制度」**として、Ⅰ情報の歪曲を行って、天皇を〝形式的な絶対権力者〟に祭り上げて意のままに操る。Ⅱ軍部が実質的に政府を支配する慣例（慣習）を定着させる。Ⅲ特別高等警察の国民への徹底的な監視により、国民の反政府運動を完全に抑圧するなどを実行しました。このように、政府は、欧米に学ぶのではなく「精神的鎖国」の状態で、日本の伝統を強固に定着させました。

この近代日本の「日本型の発展・自滅」の「大日本帝国の栄枯盛衰」を、**図1－3**のモデルにより表記した経過は**図3－1**の通りです。図の下の細枠線では、欧米と日本の進化の要点を示しており、政治の方法は、米英仏などの欧米先進国では**民主主義**、日本では**「伝統の統治法」**の**「偽装した君主制」**でした。

(2)　大日本帝国が帝国主義の侵略戦争に明け暮れた原因

「伝統の統治法」の**第2章②(2)**の封建的な常識の、大日本帝国の権力者は、弱小な日本の独立維持のため、**強力な軍事力と帝国主義**の**欧米を模倣**した、富国強兵を推進しました。そして、戦争に勝てば相手国は日本領になると考え、戦争に勝って領土を拡大し、日本を発展させることを目指して、**図3－1**の多くの戦

○ 欧米先進国は進化を継続。日本は帝国主義の侵略を継続して国家の危機に陥る

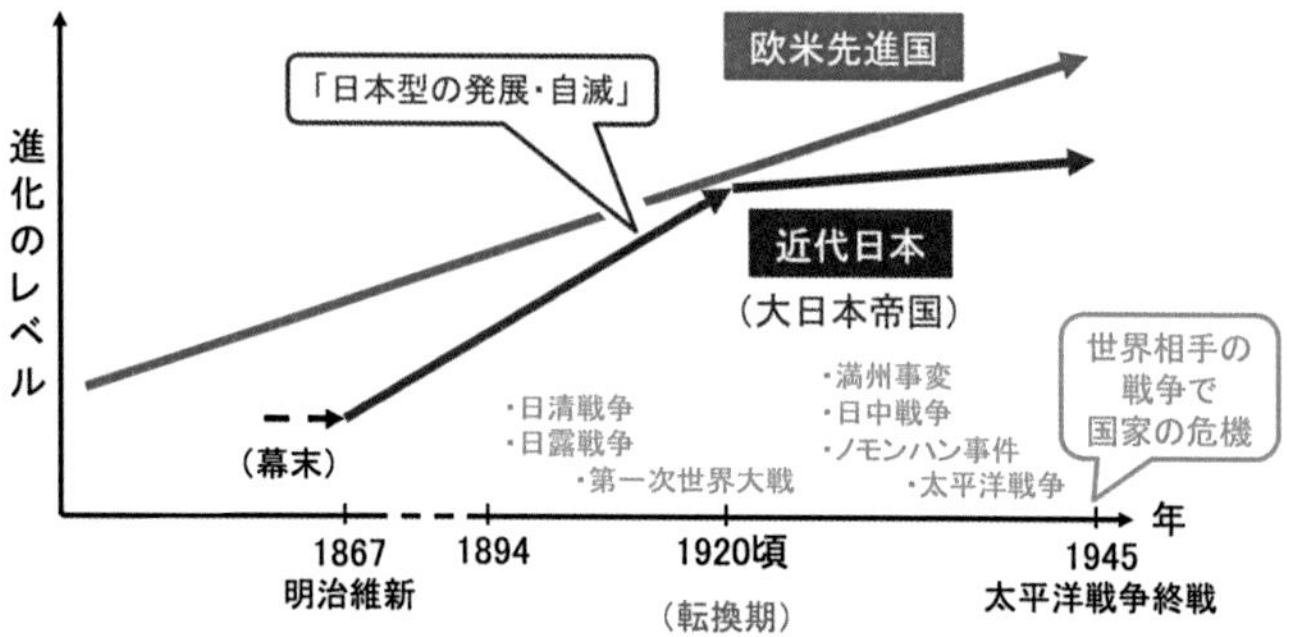

欧米の進化	民主主義 ⇒ 帝国主義・肉体的戦法 ⇒ 民族自決・頭脳的戦法 ⇒
日本の進化	「偽装した君主制」(注) ⇒ 帝国主義・肉体的戦法 ⇒

(注)・伝統の統治法の一種

図 3－1 「大日本帝国の栄枯盛衰」の経過

争に明け暮れました。なお、愚民政策のため思考能力がない彼らは、**次項(3)**の不公正な**帝国主義**の問題には無頓着でした。

そして、大日本帝国の権力者は、軍事力を強化しながら、戦国時代の国盗りを目指す戦国大名のように、明治維新の15年後の1882年頃には、隣国の朝鮮を植民地(領土)にするための、軍事を含む工作を始めました。

(3) 大日本帝国の前半の不公正な帝国主義による領土拡大

明治維新後の大日本帝国は、軍事力強化と並行して、1894－

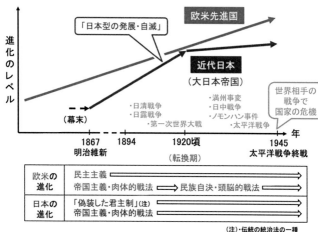

1945年の51年間に、**図3－1**の多くの戦争を戦いました。なお、**これらの戦争は全て**、世界平和の実現や外国侵略からの祖国防衛などの大義がない、日本の歴史教育とは正反対の、〝領土拡大のための**帝国主義**〟の外国侵略でした。1894年から、日本は、朝鮮の植民地化を目的に、屁理屈をつけて日清・日露の戦争を仕掛けました。当時は、欧米も**図3－1の帝国主義**を推進しており、日本も欧米も含む世界中が、**下記**(6)の〝兵士が命がけの白兵戦などの肉体を駆使して戦う**肉体的戦法**〟により、戦争を戦いました。日本は、幸運にも恵まれてそれらの戦争に勝ち、7－8万人の現地人の大虐殺などを行って、1902年に台湾、05年には樺太の南半分、10年には朝鮮を日本領にしました。

前項(2)の**封建的な常識の日本人には**、外国との戦争に勝って、相手国の領土を奪い取ることは当然で、**これらの戦争の成功により、日本は、帝国主義による日本の発展の継続に自信を深めました**。ところが、思考能力が低い日本の権力者は無頓着でしたが、**帝国主義は**、侵略国と非侵略国の双方に、無意味な死傷者や国土の荒廃を発生させるなどの問題が大きく、〝**人道や国際正義などに反する不公正**〟な政策で、本来、禁止されるべきでした。実際、帝国主義を継続すれば世界が破滅することから、1910年頃には、アメリカ、イギリスなどは、帝国主義の禁止を進める**図3－1の転換期**に入りました。

(4) 世界の競争のルールは帝国主義から民族自決に進化

この転換期の1914年からの第一次世界大戦では、**世界は、**前項の**日本の貪欲な帝国主義の領土拡大を警戒**しており、日本は「参戦には領土的野心はない」とイギリスに嘘をついて、合意を取り付け参戦しました。約4年3か月続いた第一次世界大戦は、人的被害が約4000万人の世界的な大惨事になり、**前項**(3)の帝国主義への危惧が現実に発生しました。そして、第一次世界大戦後のベルサイユ講和会議では、アメリカのウィルソン大統領が主導し、世界の**競争のルール**を、従来の武力で領土を奪い合う不公正な帝国主義から、国際連盟の設立を含む、**図3－1の〝公正な法の支配に基づく民族自決〟**に進化させました。

ところが、この講話会議では、**戦勝国の中で帝国主義の大日本帝国だけが、**この公正な世界の競争のルールへの進化はどこ吹く風で、**領土を新たに獲得**して歴史上最大に拡大し、**絶頂期に到達**しました。

(5) 大日本帝国は進化せずに不公正な帝国主義を継続し後半の停滞・自滅に陥る

その後、**世界の潮流が、帝国主義から、公正な競争のルールの民族自決に進化する中で、大日本帝国は、不公正な帝国主義を継続してガラパゴス化しました。**

そして、中国への本格的な侵略を始め、現在のロシアのウクライナ侵略より各段に悪質な、宣戦布告なしの満州事変、日中戦争を仕掛けました。この日本の凶悪犯罪のような侵略に、世界中が反対して中国を支援し日中戦争は膠着しました。それに懲りることもなく、日本は、侵略戦争をエスカレートさせ、ノモンハン事件をソ連に仕掛けました。そして、最後に、**下記②～④**の何の大義もない太平洋戦争を、屁理屈をつけてアメリカに仕掛け、帝国主義に反対する、**世界相手の戦争に追い込まれて**、自業自得の敗戦の**国家の危機**に陥りました。

(6) 世界の戦争の実務は頭脳的戦法に進化、日本は肉体的戦法を継続

図3－1の戦争の実務の面の戦法は、初期には、**上記**(3)の〃銃剣などを持った兵士や騎兵が、戦国時代のように入り乱れて戦う**肉体的戦法**〃が、世界中で一般的でした。この肉体的戦法では膨大な人的犠牲が発生するため、第一次世界大戦の頃には、世界は、〃頭脳を駆使して戦車や装甲車や要塞などで自軍の兵士を

防護して、戦略的に戦う**頭脳的戦法**〟に進化しました。ところが、天皇の命令で命がけで戦う、封建的な常識の日本軍では兵士は消耗品に過ぎず、太平洋戦争でも、肉体的戦法の日本兵が、銃剣や爆弾を持って敵陣や敵戦車に突撃する、兵士の生命軽視の攻撃が従来通り継続されました。このように**日本軍の戦法は進化せずガラパゴス化**し、頭脳的戦法のアメリカ軍と互角に戦うことは不可能で、太平洋戦争では、無意味で膨大な人的犠牲を発生させました。

(7)　大日本帝国では「日本型の発展・自滅」の「大日本帝国の栄枯盛衰」が発生

図3－1の大日本帝国の歴史全体を俯瞰します。日本は、第一次世界大戦までの**前半は、欧米を模倣して大きく発展**し、欧米先進国に相当追い付きました。ところが、**後半には、上記(5)～(6)の現状維持を継続してガラパゴス化し、上記(4)と(6)の欧米の進化に取り残され停滞・自滅に陥る、「日本型の発展・自滅」の、「大日本帝国の栄枯盛衰」を発生**させたと判断されます。また、日本の侵略戦争の**次項②～④**の太平洋戦争は、祖国日本を守るなどの大義はなく、日本が一方的に外国を侵略した凶悪犯罪のような戦争で、310万人の日本人と1000万人を超えるアジアの人たちが命を落とした、全く無意味な悲劇でした。

②「大日本帝国の栄枯盛衰」の後半の太平洋戦争の時期の政治

この「大日本帝国の栄枯盛衰」の経過の中で、現在の「日本の停滞」の分析などで参考になる、日本が自滅した太平洋戦争の時期の政治を掘り下げます。

(1) 日本の権力者が太平洋戦争の開戦を決断した理由

太平洋戦争の開戦時には、戦争の勝敗を左右する戦争当事国の、産業や人口の規模、食料・原材料・エネルギーの自給率などの、〝国家が持つ総合力の国力〟の差異の**「国力の差異」では、アメリカは日本の10〜20倍**でした。そのため、日本がアメリカに戦争で勝つ可能性は全くなく、**日本の完敗に至ることは明らか**でした。なお、この状況は、現在の北朝鮮やイランが対米戦争を始めるのと類似していますが、彼らは、アメリカを挑発するだけで、決して戦争を始めません。この状況の中で、日本の権力者たちは、**下記③⑵**のように、アメリカに勝つ戦略も計画も策定せず、何の大義もなく、日本が完敗するアメリカに、宣戦布告して太平洋戦争を始める、狂気の沙汰の判断を行いました。この完敗する戦争では、〝国家の発展や国民の幸福など〟は絶対に実現されませんので、**日本の権力者たちは**、国家や国民のためではなく、次の**前著4**の要約のように、**〝私利私欲の「私的な目標」のために戦争を始めた〟**と判断されます。

当時の日本の権力をほしいままにしていた、権力者の軍部は、国家予算を大きく上回る膨大な軍事費を、毎年湯水のように出費しており、この願ってもない膨大な利権を、何としても維持したいと考えたと判断されます。ところが、この膨大な利権は、平時には手にできず、彼らが、**図3‐1**の多くの戦争をごり押しで継続したことから得られたものです。そのため、**次項⑵**の日本の外国侵略に反対するアメリカの要求を受け入れ、占領地域から撤退して戦争をやめれば、この利権は消滅します。この状況から、**権力者たちは、戦争を継続して何としても利権を維持する「私的な目標」のために、全く勝算がない太平洋戦争を、出たとこ勝負の事後対応型で、アメリカに仕掛ける決断を行った**と考えられます。

このように**日本の権力者**には、日本が世界に誇る伝統の日本人の精神力で、不可能を可能にすると主観的な判断を行うなど、上記の**北朝鮮やイランの権力者に比べても、あきれ果てるほど思考能力が低い**大問題がありました。

(2) 日本国民をだまし、必ず敗退する太平洋戦争を日本から宣戦布告して開戦

太平洋戦争の開戦の前には、世界中が、現在と同様に帝国主義に反対で、**図3－1**の民族自決を支持する中で、日本は、中国東北部の広大な満州を植民地化し、70万人以上の日本軍を派遣して中国の中部・南部を制圧し、東南アジアのインドシナに進駐しました。この日本の国際正義に反する外国侵略を断念させるために、**世界の大半の国家は、日本に強力な経済制裁**を加えました。

現在では、西欧諸国が、ミサイルや原爆を開発しても、外国を侵略しない北朝鮮や、ウクライナの一部を武力で占領したロシアに、強力な制裁を課しています。それらと比較しますと、この日本への制裁は、日本がすでに広大な外国の領土を侵略し占領している状況から、特別に過酷ではなく、**世界の常識に沿った制裁**でした。また、アメリカが発表した、**大西洋憲章**や**ハルノート**に明記されているように、日本が国際正義に反した不公正な外国侵略を中止し、軍隊を撤退させて侵略戦争をやめれば、制裁が継続されることはありませんでした。

ところが、日本の権力者たちは、徹底的な情報の歪曲を行い、アメリカ・イギリスが、日本を滅ぼす策略を進めていると嘘で固めて、**太平洋戦争は、日本を滅**

亡から救う聖なる戦争であると国民をだまし、国民の圧倒的な支持を獲得しました。そして、日本が軍事的に攻撃される恐れは全くない中で、**下記③⑵**のように、戦争に勝つ戦略も計画もなく、**出たとこ勝負で米英に戦争を仕掛けました。**

⑶　口から出まかせで国民をだまし、日本が自滅するまで太平洋戦争を継続

開戦初期の日本の奇襲攻撃では、日本は、戦争準備が不十分な米英などに勝ちましたが、約半年後に戦略的計画的に**下記③⑴**の事前解決型で戦う、アメリカ軍が反撃を始めると、事後対応型の日本軍は勝てなくなりました。ところが、大日本帝国の権力者は、あらゆる情報の歪曲により嘘で固め、戦争にめどがあるかのように、**口から出まかせの**、〝偽装した戦闘の成果や新戦術に関する華々しい大本営発表〟を、**次々と繰り出して「やってる感」**を演出しました。そして、権力者は、日本軍が全滅しつつある状況を隠蔽し、**国民をだまして**戦争支持を獲得し、約310万人の戦死者が発生して日本中が破壊され、実質的に**大日本帝国が自滅するまで、悲惨な太平洋戦争を継続**しました。

⑷　愚民政策で思考能力がない国民を情報の歪曲でだまし日本を自滅に陥れた

結論として、大日本帝国の私利私欲の権力者は、**第2章②**⑵の2項目の㈠愚民政策により、国民が政治を判断する能力をなくし、㈡「独裁化制度」による、報道や言論の自由の厳しい制限と、徹底的な情報の歪曲を行い、完全に国民をだましました。そして、彼らは、「伝統の統治法」の意のままの独裁政治を推進し、大日本帝国を「日本型の発展・自滅」による自滅に陥れました。

③「日本型組織運営」も太平洋戦争での日本の完敗の原因
――日米の「知力の差異」のため組織運営方法でもアメリカに完敗

「大日本帝国の栄枯盛衰」の核心の太平洋戦争での日本の完敗を、**図０－１**の下半分や**図２－２**の、〝㈡組織の運営の方法〟の面から分析します。その組織運営方法は、欧米先進国は、「理想」を戦略的、計画的に実現する「論理的思考」による、**第８章**②⑴の事前解決型の「合理的組織運営」です。また、日本は、戦略・計画はなく、出たとこ勝負の事後対応型で、私利私欲の「私的な目標」を目指す、主観的な判断による「日本型組織運営」で活動します。この両者の差異が、太平洋戦争に与えた影響を分析します。

⑴ アメリカ軍の事前解決型の「合理的組織運営」による太平洋戦争の進め方

まず、アメリカ軍の「論理的思考」に基づく「欧米型統治」の、組織の運営の方法の「合理的組織運営」に関して、**前著4**から簡単に要約します（**図3－2**）。「論理的思考」のアメリカの軍隊などの組織は、まず、組織運営にとって最も重要な組織が達成を目指す目的、いわば、組織全体の存在意義（**「全体」**）を示す、〝世界に通用する「理想」〟に沿った**「目的」**を策定します。次に、その「目的」を**「絶対的判断基準」**として、全ての**「戦略」**から**「実行」**の**「細部」**が、**論理的な一貫性**がある組織の運営を行います。

アメリカ軍の「目的」は、**上記②⑵**の**大西洋憲章**や**ハルノート**が示す、**人間尊重**、民族自決、帝国主義の撲滅などが実現された世界の構築と判断されます。ただし、自国を攻撃する敵国兵士の殺傷は国際的に認められます。「論理的思考」の「合理的組織運営」では、将来予測が可能と考えるため、**情報重視**で、日本軍の暗号解読や偵察などを含む、〝広範な**国内外の情報**を収集して徹底的に活用する**「情報活動」**〟を行います。そして、その情報を基に〝将来予測を行い成功確率が高い戦略・計画などを周到に策定し、計画の通りに実行して成功させる**事前**

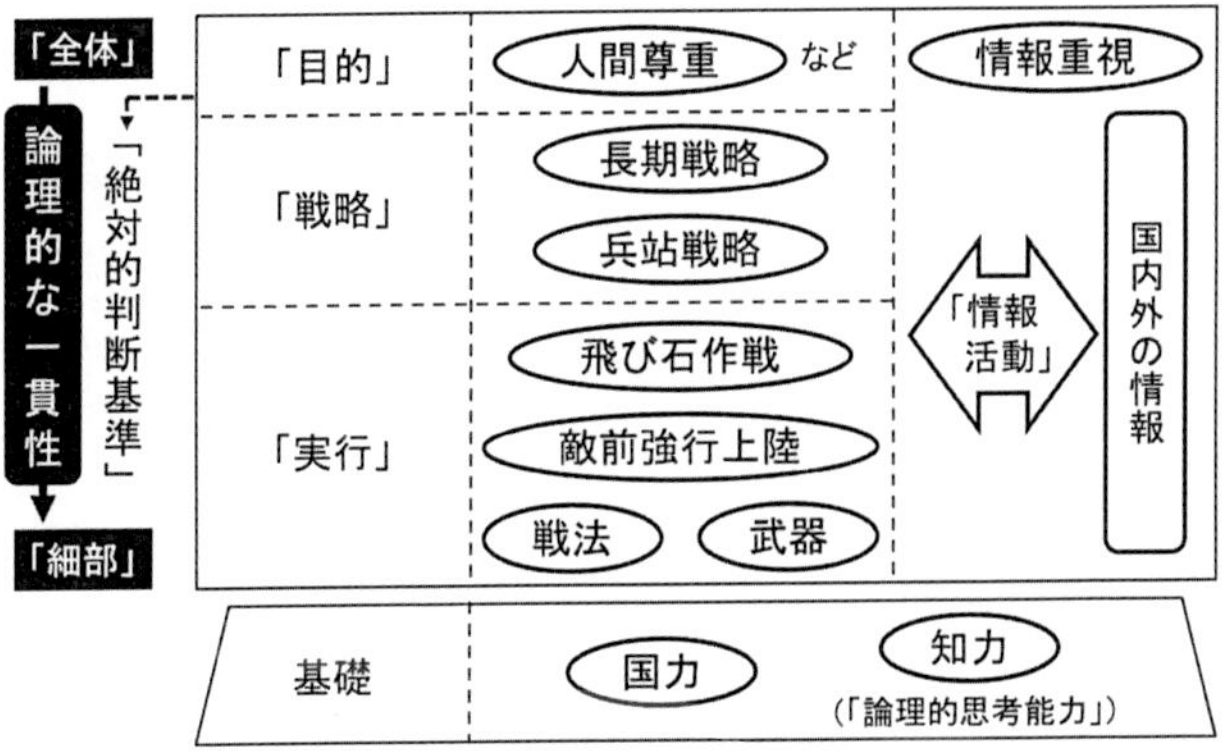

図 3－2　アメリカ軍の事前解決型の「合理的組織運営」

解決型〟で運営します。

「合理的組織運営」の「目的」の実現には「戦略」が極めて重要です。アメリカは、第一次世界大戦の頃には、大日本帝国は**上記**①④の帝国主義に凝り固まった非常に危険な国家で、将来、太平洋を挟んだ日米戦争は不可避と判断しました。

そして、日本が日米戦争に全く無関心であった1924年に、**〝日本を屈服させる戦略のオレンジ作戦〟**を改定しました。

その際、アメリカは、日本は、国土が狭い島国で資源・エネルギー・食料などを海外に依存しており、輸入した原材料を加工して輸出し外貨を稼ぐ以外に、国家が存続する道はない。すなわち、日本には、〝海上輸送を封鎖すれば国家が滅亡する、「地政学的なアキレス腱」〟があることに着目しました。そして、アメリカ軍は、このアキレス腱を徹底的に攻撃し、**日本を屈服させることを基本戦略**にしました。

アメリカ軍は、この基本戦略を実現する**長期戦略**を策定して、太平洋横断の日本攻撃の**「実行」**のために、太平洋での通信網の構築、太平洋横断の攻撃（**戦法**）の訓練。日本攻撃の経路にある島々を攻略する作戦（**飛び石作戦**）や、**敵前強行上陸**のための、新しい形態の軍隊の海兵隊の創設や従来にない**武器**の開発などを、計画的に推進しました。このように、アメリカは、日本が太平洋戦争を仕掛ける約20年前から、戦略的・計画的に日米戦争の準備を進めました。

アメリカ軍は人間尊重で、自軍の兵士の被害を最小限にとどめるために、周到な**兵站戦略**を併用しました。その戦略では、アメリカ兵が戦う戦場の近くに、基本的に兵器弾薬、食料、衛生用薬品などを45日分保持し、もし、その補給基地への補給路に敵の攻撃の脅威がある場合は、90日分を保持しました。また、アメリカ軍兵士にとって、戦死や負傷のリスクが高い敵前強行上陸の際には、兵士の上陸の前に、上陸地点周辺の日本軍の陣地を全て破壊し尽くす、地形が変わるほどの、艦砲射撃や爆撃を徹底するなどの戦法を実行しました。そして、**アメリカは、戦死者を日本の約30分の1の約11万人に抑えました。**

一般市民の人間尊重の面では、太平洋戦争の開戦時に、日本軍がフィリピンへの奇襲攻撃行い、首都マニラに迫った際には、勝ち目がない**アメリカ軍は、**マニラから撤退してマニラの無防備都市宣言を行い、**マニラの戦災による破壊と市民の戦死を防ぎました。**他方で**日本軍は、**太平洋戦争の末期のアメリカ軍によるマニラ奪還作戦の際には、全く勝ち目がない中で、マニラ市内に立てこもり、市民を盾にして抵抗したことから、**マニラ市全体の破壊と約10万人の民間人の死者が**発生しました。また、日本軍は、沖縄戦では、完敗するのが確実な中で、やはり、市民を巻き込んで盾にし、約9万4千名の市民が犠牲になりました。さらに、日本軍は、フィリピンやシンガポールで現地人の大量虐殺を行うなど、**国際法違反の人間軽視の行動**を行いました。

このアメリカ軍の高度な「合理的組織運営」は、図3－2の**「基礎」**の高度な国民の思考能力の**知力**と、強力な国家の総合力の**国力**により実現されました。

(2) 日本軍の事後対応型の「日本型組織運営」による太平洋戦争の進め方

日本軍は、「伝統の統治法」の「日本型組織運営」により、アメリカに勝つ戦略や計画は何もなく、太平洋戦争を仕掛けました。そして、とりあえずアメリカ太平洋艦隊の主力基地の真珠湾と、アメリカ植民地のフィリピンを攻撃し、その結果を見て次を考える、出たとこ勝負の事後対応型でした。この**事後対応型は日本の伝統**で、徳川幕府は、幕府を存続させましたが、日本の発展や世界の進化などには無頓着でした。大日本帝国でも、**図3－1**の太平洋戦争以外の、日清戦争からノモンハン事件のすべての戦争も、目の前の戦いの結果を見て次の作戦を決定する、事後対応型でした。その理由は、**図0－1**のように、**日本人は、理想や目的を実現する戦略などを、頭脳の思考で創出できないため、自分の経験や他人の意見を参考に、次の行動を主観的な判断で決めるしかない**からです。

この日本人の事後対応型の特徴から、太平洋戦争では、日本は、アメリカが戦争準備を行っていなかった、真珠湾などの奇襲攻撃では勝ちましたが、その後、アメリカ本土を攻撃していません。それどころか、日本は、遠く離れた太平洋の島々に、食料などの補給計画もなく、大量の日本兵を配置して守りを固めましたが、守るだけなら対米戦争を仕掛ける必要はなく、全く出たとこ勝負の作戦でした。また、この補給がない日本兵は、自給自足するしかありませんが、それらの島々は、耕作が不可能な住人も少ないサンゴ礁の島などで、大量の日本兵が進駐したため、**日本兵と現地人の両方が食糧危機に陥りました。**他方のアメリカは、大義がない奇襲攻撃で多数の自国民を殺傷した、日本軍の壊滅を目指して、オレンジ作戦に基づき日本を海上封鎖するために、太平洋の制海権・制空権を握りました。それに伴い、上記の**日本兵と現地の人々の多くが、餓死**に追い込まれ、また、日本は、あらゆる資源の輸入が不可能になった上に、国中を破壊されて国民が逃げ惑うなど、悲劇的な敗戦に追い込まれます。

(3) 日本は「知力の差異」が原因で「日本型組織運営」を行い太平洋戦争に完敗

結論として、日本軍が主観的な判断による、事後対応型の「日本型組織運営」を実行したことも、日本とアジアに悲劇をもたらした、太平洋戦争に完敗した原因でした。また、日本軍が、**上記**(1)のアメリカ軍の高度な運営を実現できなかった理由は、次の通りです。それは、**アメリカ軍の事前解決型の戦略・計画の立案**などの、〝知的創造物を「論理的思考」により生み出す知的能力の**知力**〟と、**前**

項⑵の主観的な判断の日本軍の知力との間には、大きな差異（**「知力の差異」**）があったことです。このように、日本軍は、広く認識されている「国力の差異」に加えて、「知力の差異」の面からもアメリカ軍に完敗しました。

④ 大日本帝国の私利私欲の権力者たち

大日本帝国でも、**第2章①⑵～⑶**の家康が私利私欲から日本を国家の危機に陥れた歴史と、同じ歴史が繰り返された状況を、**前著4**から一部を要約します。

⑴ 太平洋戦争の開戦時（1941年後半）の大日本帝国陸軍、昭和天皇

開戦前の日本は、**上記②⑵**の厳しい経済制裁で国家の危機に陥り、その制裁の解除には、アメリカが要求する日本軍の中国などからの撤退が条件でした。ところが、**陸軍は**、中国侵略で数十万人の死傷者を出しており、撤退すれば陸軍への追及、陸軍の縮小などが発生し、**陸軍が持たないとして撤退を拒否**しました。

この時、日本を破滅させる太平洋戦争の開戦を、軍部を抑えて阻止できるのは、全日本軍の統帥権を持ち、現人神とされた昭和天皇だけでした。当時、軍部が情

報の歪曲を行っていましたが、天皇は、日本軍は、多数の犠牲を払っても、軍事力が弱体な中国を制圧できず戦争が膠着し、日本の軍事費は限界に近いこと。その状況で、世界一の軍事力のアメリカに新たな戦争を仕掛けても、日本には戦う余力がなく必ず破滅することを、十分理解されていたはずでした。それにもかかわらず、天皇は、軍部に同調して、日本を破滅に追い込む太平洋戦争の開戦を、全身全霊で阻止されることはありませんでした。

(2) 日本海軍の崩壊で海上輸送が途絶え日本の敗戦が確実（1944年後半）

日本海軍は、1944年10月のレイテ沖海戦に敗れ、実質的に全滅して、日本は海上輸送の確保が不可能になり、軍事物資を総括する軍需省は、同年末には日本は戦争を継続できなくなると、政府首脳に報告しました。ところが、大日本帝国は、結局、私利私欲の権力者たちの保身のために、戦略も計画もなく、出たとこ勝負の意味のない戦争を継続しました。この時点で戦争を終わらせていれば、日本の戦死者の100万人以上は救われました。

(3) 私利私欲の権力者の「やってる感」のために国策として実行された特攻攻撃

大日本帝国は、航空機の敵艦への体当たりの航空特攻、人間魚雷の回転、人間操縦のロケット弾の桜花などの**特攻攻撃**を実行しました。その航空特攻では、航空機の〝全ての武装を取り外し可能な限り大きな爆弾を装着（**爆装**）〟します。そして、日本兵は、肉体的戦法の銃剣突撃と同様に、爆装した航空機をひたすら操縦して、敵の強固な防御網の中を突進し、撃墜されるか敵艦に突入して必ず戦死します。この特攻に関して、日本の権力者は、日本兵は、自らの意思で国家の窮地を救うために、特攻攻撃を行った国家の英雄と美化しました。

ところが事実は、１９４４年７月に天皇が、「特攻攻撃を実行せよ」と海軍に命令され、８月には天皇の押印で特攻の実行は法律で定められて、特攻による戦死には２階級特進が実施されました。すなわち、**大日本帝国は、非人道的な特攻攻撃を、法律で定めた国策として実行した唯一の国家**でした。

その**航空特攻には本質的な大問題**がありました。当時の日本戦闘機に爆装できる爆弾は２５０Ｋｇ程度で、アメリカ軍の攻撃用の主力軍艦（大型空母、戦艦、巡洋艦）の、装甲を破壊する爆発力がありませんでした。そのため、航空特攻では、それらの**アメリカが日本を攻撃する主力軍艦の撃沈はゼロ**で、敵戦車への銃剣突撃と同じように、戦況を日本有利に変えることは不可能でした。また、日本軍では、自動車教習所と同程度の30時間の飛行訓練を受け、飛行機を飛ばせるだけの、多くの日本兵を特攻に出撃させました。そのため、彼らの大部分は、アメリカ軍の防御網で撃墜され、もし、それを潜り抜けても、高速の航空機を高い精度で操縦して、敵艦に体当たりすることはほぼ不可能でした。

このように、**日本の私利私欲の権力者は、特攻攻撃により、戦況を変えるのは不可能なことを理解した上で、日本兵を消耗品のように特攻攻撃に出撃させました。**しかも、彼らは、封建的な常識の日本国民の心に響く、日本兵の命がけの特攻による、誇張して捏造した戦果の大々的な発表を繰り返し、**上記②⑶の「やってる感」を演出して国民をだまし、戦争を継続**しました。

なお、終戦後に、日本を占領した連合国は、特攻攻撃を、人道に反する戦争犯罪として、追及することを検討しました。その情報に接した、海軍幹部は、現場の日本兵が、命令がないのに自発的に特攻を行ったとの想定問答集を策定して、戦争犯罪を追及された場合に、言い逃れる準備を入念に進める始末でした。

⑷ 私利私欲の権力者たちの思惑で終戦が約2か月遅れ原爆などの悲劇が発生

大日本帝国の権力者たちは、1944年の後半から、各部門が、戦争責任を他部署に押し付けたり、終戦後の日本での権力を維持することを目指したりする、**国民そっちのけの終戦工作**を始めました。海軍は、軍艦がほぼ全滅したことから、早々と戦争責任を陸軍に押し付け、外交による終戦を目指しました。開戦以来主戦派が主導してきた陸軍では、44年7月に日本防衛のかなめのサイパン島が陥落した後に、陸軍の作戦などを統括して指揮する、陸軍参謀総長に就任した**梅津大将**が、慎重に終戦の工作を推進しました。そして、**45年6月には、梅津は、天皇の決断があれば、陸軍が終戦を受け入れる態勢を整えました。**

大日本帝国の終戦を決定できる唯一の責任者の昭和天皇には、45年6月以前には、戦争の正しい情報が伝えられない問題がありました。ところが、**6月中旬以降には**、日本軍の実情、特に、本土決戦や満州・中国でのソ連の攻撃の撃退を、実行できる戦力は全くない状況などが伝えられ、**天皇が的確に判断できる条件が整いました。**そのほかの権力者たちの政府官僚、政治家、天皇を補佐する宮中官僚などは、それぞれの思惑で終戦工作を進めました。

このように、**45年6~7月には陸軍と海軍が終戦を受け入れる体制が整い、大日本帝国は、天皇のご聖断があれば終戦を迎えることができました。そして、そ**

れが実現すれば、広島・長崎への原爆の投下、ソ連の参戦によるシベリア抑留や北方四島と千島の強奪の、国際法違反の暴挙はあり得ませんでした。ところが、この時期には、国民が惨憺たるその日暮らしの生活をしている中で、陸軍・海軍ではなく、**天皇の強い意向により、大日本帝国の天皇制の継続（国体護持）の保証が得られるまで、総力を挙げて徹底抗戦を継続することが決定**されました。

そして、日本は、8月15日まで全く無意味な徹底抗戦を継続し、原爆投下、ソ連の上記の参戦と国際法違反の暴挙、新たな特攻攻撃や都市空襲などの悲劇を招きました。その後、ソ連による北海道・東北の分割占領の恐れが出たことから、日本は、ポツダム宣言を受け入れて終戦に至りました。

なお、**ポツダム宣言は、**「論理的思考」の将来予測に基づく事前解決型の、**アメリカが、開戦前に日本に提示**し戦後の世界秩序の基礎になった、**上記②(2)の大西洋憲章やハルノートと基本的に同一**でした。従いまして、**太平洋戦争は、日本の私利私欲の権力者が発生させた、戦うべきでない全く無意味な戦争**でした。

(5)　大日本帝国の軍部・政府・天皇を含む宮中などの私利私欲の権力者たち

日本の幼少期からの教育により、日本人には、日本の伝統は世界的に優れており、日本の権力者は、常に高潔で正しい政治を実行したなどの、常識が強固に定着しています。ところが、ここまでの論述から判断すれば、その常識とは正反対に、**太平洋戦争は、日本人と東アジアの膨大な人々の戦死を含む悲劇と、それらの国の破壊をもたらした、日本の凶悪犯罪のような戦争でした。**

それにもかかわらず、当時の日本の権力者たちは、それらの悲劇は眼中になく、〝自らの権力、面子、意地などを含む、**利権**〟を守る、「私的な目標」のために、主観的な判断で私利私欲の政治を推し進め、その狂気の沙汰の史上最悪レベルの戦争を発生させました。

なお、この家康と同じ、**〝私利私欲の権力者が、自らの利権のため現状維持のガラパゴス化を守り通す、「日本型の発展・自滅」の暴走〟が、実行された根本原因は、独裁政治が実行される「伝統の統治法」**でした。

以上の**第3章**の、太平洋戦争の悲劇を含む、「大日本帝国の栄枯盛衰」の分析も参考に、現代日本の「日本の停滞」の克服を目指して論述を続けます。

第4章　〝国家の進化〟を継続する「本来の民主主義」

この「伝統の統治法」に起因して繰り返す、「日本型の発展・自滅」による、日本の危機を発生させない対策の糸口を探します。徳川幕府と大日本帝国では、封建的な常識の絶対服従が定着していたことは、権力者は亡国の過ちを絶対に犯さないとの、暗黙の前提があったことを意味します。ところが、それらの時代の私利私欲の権力者は、日本を**第2章①と第3章①**の危機に陥れました。**この事実は、日本の権力者だけは、古今東西の世界中の権力者と対照的に高潔なのではなく、彼らと同じで、その行動を常に監視して是正しなければ、必ず腐敗して私利私欲に走り、国家を滅ぼす**ことを意味します。

他方、欧米先進国では、私利私欲の権力者が過去に国家的な大問題を発生させました。ところが、〝「論理的思考」とそれに基づく民主主義などの「欧米型統治」〟に移行した後は、権力者の私利私欲に起因して、**図1－4**の3回の国家の危機に陥った日本とは対照的に、危機に陥ることなく順調に進化を継続しました。

この状況から欧米先進国の、「欧米型統治」を構成する、その基盤の㈠「論理的思考」と㈢政治の方法の民主主義（「本来の民主主義」）を論述します。

① "国家の進化"を継続する「論理的思考」

「理想」に向けた進化の実現が可能な、**第7章②⑶**の「論理的思考」を幼少期からの教育で習得している、欧米先進国の国民と、伝統の「日本人の考え方」の主観的な判断を行う、日本の国民を比較します。まず、日本では、**第6章③⑵**のように、国民に思考の方法を教育せず膨大な知識を記憶させ、その後、各人は、上司や先輩が長い経験で体得した実務の実践の知識を、徒弟制度のように彼らと長時間の体験を共有し、伝授されて記憶します。ところが、この伝授では、各人は、先輩などの活動を通じて知識を体得するため、先輩の活動の再現は可能ですが、進化の実現の方法を教えられることはなく、活動の進化は困難です。

また、**「論理的思考」の欧米先進国が日本と異なる極めて重要な点**は、上司と部下や少数派と多数派の間で意見が異なる場合を含む、物事の議論の結論の決定方法です。彼らは、**あらゆる提案の中で、"物事の「理想」を一番良く実現する提案を選択して、論理的な決定（「論理的決定」）"**とします。このように、「論理的思考」では、発言者の年齢や地位や少数意見であることなどは、決定に影響を与えません。それに伴い、**国民の多くが「論理的思考」で考え、「論理的決定」を行う欧米先進国では、幅広く多様な国民の現状より一番優れた知恵が、「論理的決定」により、あらゆる活動に生かされて進化**を生みだします。この欧米の政治や運営の「論理的決定」の特徴から、基本的に権力者や多数派が、私利私欲から政治や運営をねじ曲げることは困難になります。また、問題の発生時には、その**問題の「理想」からの乖離を最善に解消する対策案が、「論理的決定」により選択され、議論のたびに問題解消に向け進化**します。

日本の議論では、私利私欲を目指す与野党などの各勢力が、それぞれ独自の案を提案して議論しますが、各勢力が、公平や理想などとは無縁の、自らに有利な主観的な主張を行う**水掛け論**になります。そして、時間切れになり、結局、権力者や多数派が、自分達の利権の現状を維持する妥協案などで押し切ります。

その結果、**同じ時間**を費やしても、**幼少期から「論理的思考」を教育された欧米と、考え方を教育されず、個人に依存する主観的な判断を行う日本の間には、考え方の差異に起因して、際限なく進化の差異が蓄積して拡大を続けます。**

結論として、国民の同じ時間の活動による成果は、伝統の考え方の日本は、欧米より劣りますので、**日本が〝物事の進化の実現が可能な「論理的思考」〟に移行しない限り、日本が世界に伍して発展するのは困難**と判断されます。

②〝国家の進化〟には〝世界に通用する「理想」〟の定着が必須

進化の実現が可能な**「論理的思考」の諸刃の剣の問題**を掘り下げます。人の活動（社会科学の分野）での「論理的思考」では、人が策定した理想を**「絶対的判断基準」として徹底すれば、その理想に向けた進化の実現が可能です。**ただし、**その理想が満たすべき極めて重要な必須条件**は、あらゆる面から見て、例えば、国連憲章も包含して、世界人類の幸福を目指すなどの世界中が賛同する、〝**世界に通用する「理想」**〟**でなければならない**ことです。なぜなら、大日本帝国やナチスドイツやロシアや中国のように、自国の〝独りよがりの理想〟の領土拡大を目指して、「論理的思考」を活用すれば、世界を悲劇に陥れるからです。

従いまして、国民に「論理的思考」を教育する際には、**「論理的思考」により国家の活動が進化を継続しても、その進化が、人類・世界に絶対に悪影響を発生**

させないように、**権力者を含む全国民に、〝世界に通用する「理想」〟に沿った、国家が目指す姿（「理想」）を完全に定着させる**こと。その「**理想**」**に反する活動を完全に排除する、法の支配に基づく政治を行うこと**が、**第7章①**の「**人類の目的**」の世界の発展や平和の進展などの、**人類が目指す「理想」の世界を着実に構築するために必須の鍵**になります。実際、この「理想」が現在のロシア国民に定着していたなら、ロシアは大きく発展し、プーチンの〝独りよがりの理想〟の実現のための、ウクライナ侵略は発生しませんでした。

このように歴史の悲劇から学んだ、**「論理的思考」の欧米先進国**では、国家の最高位の法律の**憲法の中に**、〝世界に通用する**「理想」**〟に沿った、**国家が実現を目指す「理想」**の国家像を制定しています。さらに、権力者を含む国民に**法の支配**を完全に徹底し、国家の「理想」の憲法を**「絶対的判断基準」**として、「論理的思考」に基づく**「欧米型統治」**の民主主義を実行します。そして、欧米先進国は、大日本帝国やロシアなどとは異なり、世界の発展と平和などの、〝**世界に通用する「理想」**〟**を実現する政治を行って進化を継続**します。

③　欧米先進国が歴史の悲劇に学び構築した「本来の民主主義」
―『国家が「理想」の実現に向け国民の総力を結集し進化を続ける政治』

過去には欧米先進国でも私利私欲の権力者たちの政治が、多くの悲劇を発生させました。その再発防止のために、欧米の民衆が、権力者の横暴の根絶と進化の継続を確実に実現する、「論理的思考」に基づく政治の構築を目指し、**前項②**の工夫を加えて実現した、民主主義の政治を掘り下げます。なお、〝欧米で創出された本項の特徴を持つ民主主義を「本来の民主主義」〟と呼びます。

(1)　「本来の民主主義」とは、「人類が実現できる最高の政治」

日本人と欧米人の間の本質的な差異は、**日本人は理想を持たない**のに対して、**欧米人は、「論理的思考」により実現が可能なら、非常に困難な物事でも実現可能と考える**こと。日本人が馬鹿々々しい妄想と考える、**非常に困難な「理想」の実現に向け、長い時間をかけてコツコツと努力を継続して、それを達成する**ことです。例えば、ヨーロッパ連合（ＥＵ）は長い時間をかけて、戦争がない欧州を構築してきました。この観点から判断しますと、欧米人が、歴史上の無数の悲劇や失敗に学んで作り上げた、「本来の民主主義」は、日本人の想像を超えた、**「人類が実現できる最高の政治」**であると判断されます。

その**「本来の民主主義」とは、『国家が〝世界に通用する「理想」〟の実現に向け国民の総力を結集し進化を続ける政治』**であると考えています。

ただし、過去の歴史の教訓から、権力者は、監視して是正されなければ、必ず腐敗して私利私欲に走り国家を滅ぼしますので、**〝権力者が国民をだまさないように、「国民による政府の監視」〟の徹底が必須**であることに注意が必要です。

⑵　「論理的思考」と「理想」に沿う国家像を示す憲法の2つの国民への徹底

「本来の民主主義」の2つの基盤は、**上記①～②の「論理的思考」**と、〝世界に通用する「理想」〟に沿う**憲法**の国民への徹底であり、それらを実現できれば政治は進化を継続します。その実現には、市民革命などの後に、従来の独裁政治などにより、国民に封建的な常識などが定着している社会に、「論理的思考」と「理想」の憲法の2つを徹底する、政府の教育が極めて重要です。すなわち、**第2章④や第3章①⑴**の日本と正反対に、封建的な常識などを完全に消し去る、これらの2つの強力で長期の教育を子供たちに継続し、大人たちには、日々の実務の中などで徹底的に再教育を行うことが必要です。そして、これら2つの国民への定着が進むに従い、民主主義の政治による、国家の進化が本格化します。

そして、**国家が目指す"世界に通用する「理想」"に沿った国家像の憲法と、「論理的思考」の2つが、国民の多くに定着すれば、いろいろな政治勢力が競い合って政権交代が発生しても、欧米先進国のように国家の進化が継続**します。

ところが、それらの2つが、国民に定着していない国家では、普通選挙を実施しても、選挙の多数派が、**多数決の暴力**による昔ながらの独裁的な政治を行い、**「本来の民主主義」は実現されません。**なお、イギリス、アメリカ、フランスは、1790年頃には「本来の民主主義」に移行しました。

日本の1867年からの明治維新の権力者たちは、最も進化した英米仏ではなく、欧州の後進国で後にドイツ帝国になる、**第6章①(1)**の独裁政治のプロイセン**の憲法を模倣して憲法を制定**しました。その理由は、彼らは、**第2章④(3)～(4)**のようにプロイセンを模倣して、立憲君主制を偽装した「伝統の統治法」と同じ政治を大日本帝国に定着させ、自分達が独裁政治を実行するためと考えられます。そして、**プロイセン憲法を引き継いだ、独裁国家のドイツ帝国と大日本帝国**

は、その後、世界的な悲劇の第一次世界大戦と太平洋戦争を発生させます。

(3) 政治の是正を含む「国民による政府の監視」が想定通りに機能する必須条件

前項(2)の「論理的思考」と「理想」の憲法の国民への徹底に加えて、「本来の民主主義」に必須の、**上記(1)**の「国民による政府の監視」を想定通り機能させる条件は、次のとおりです。その実現に必要な、「論理的思考」と「絶対的判断基準」に基づく、**「論理的決定」が適正であるための必須条件は、その決定に影響を及ぼす全ての情報が正確であること**であり、情報に誤りなどがあれば、その決定は誤った決定になります。例えば、国民が「論理的思考」により、国会議員の選挙を行う場合でも、権力者による情報の歪曲が行われていれば、大日本帝国やナチスドイツやロシアと同じように、政府が国民をだまして圧倒的な支持を獲得し、誤った政治が継続されます。実際、日本の政府・軍部は、太平洋戦争の際には、**第3章②(2)~(4)**のように、あらゆる情報の歪曲、「やってる感」の演出などを行い、日本軍が全滅に陥っている状況を隠蔽するなどして、大多数の国民の戦争支持を獲得し、悲劇的な戦争を長期間継続しました。この状況では、「本来の民主主義」の普通選挙などの「国民による政府の監視」が、適切に機能せずに権力者の意向に沿う、民主主義ではない独裁政治が実行されます。

従いまして、**「本来の民主主義」では、**政府が国民をだます問題を撲滅して国民が正しい判断を実行できるように、政治などの内外の全ての情報に対して、説明責任を果たさないなどの情報隠蔽、情報改ざん、虚偽情報の発表、情報の統制などの、〝あらゆる手法で情報をねじ曲げる**情報の歪曲〟を、完全に禁止**すること。さらに、国民が正しい情報を入手でき議論できるように、**報道の自由、言論の自由などが厳守される**ことが、完全に保証されなければなりません。

上記⑵～⑶が徹底された国家では、政治の是正を含む**「国民による政府の監視」により、政治が正常に機能**すること。**少数意見でも**多数決の暴力で闇に葬られることなく、**「論理的決定」により正当に採用されて、政治を正しい方向に導く**ことが期待できます。

一般的に**物事の進化は、少数の人たちが創出し、その後、社会全体に普及して実現されることから、この民主主義が実現する少数意見の尊重は、社会を進化させる鍵になります。**

(4) **「本来の民主主義」では権力者の腐敗を防止する仕組みを構築**します。

「本来の民主主義」は、**上記(2)～(3)**を満足させ次のように、権力者の腐敗を防止します。〝政治の是正を含む、「国民による政府の監視」を具現化した、国民の普通選挙〟で国会議員を選出する。国会議員の間接選挙や国民の直接選挙などの、過半数の支持を得た人物を権力者に選出する。**その権力者に、権力者の腐敗を防止できる一定期間に限って、〝憲法などの法律を厳格に適用する法の支配〟の下で、〝憲法に記載した「理想」の国家を構築する政治（行政）〟の主導を委託**する。

国会議員による国会で**立法**の実行と権力者の監視を行う。**その厳格な監視のため、**国権の最高決定機関の**国会**と、法の支配を徹底する**司法**を司る裁判所の２つは、権力者から独立した組織として運営する。この**立法・司法・行政の三権分立により、**立法と司法が権力者の行政を監視して、**法の支配を確実に保証**します。

このように、**民主主義の権力者は、**私利私欲に走る人の性《さが》を超越して、**在任期間に限り、国民が共有する〝世界に通用する「理想」〟の国家の実現を目指す、長い道のりの政治を国民から委託されて誠心誠意主導**します。

(5)「国民は自らに見合った政府」を持つ

─「本来の民主主義」の実現の鍵は高い意識の国民の政治への参画

日本人には、現在の日本は、模範的な民主主義国家との常識が定着しています。しかしながら、太平洋戦争後の現代日本の権力者は、**第5章①(1)**のように、自分達に好都合な戦前の独裁的な権力を保有するために、**第6章**で分析する、〝民主主義を偽装した「伝統の統治法」の「日本流民主主義」〟を定着させました。そのため、欧米先進国が長い歴史の改良を重ねた、**上記(1)〜(4)**の**「本来の民主主義」と、〝現在の日本で実行される「日本流民主主義」〟とは、大きく異なります。**

その本質的な理由は、戦後の日本国民には、**第2章②(2)**の「伝統の統治法」の2つの特徴の、第1の**(一)愚民政策**のため、**上記(2)**の「論理的思考」と、民主主義の国家の「理想」を示す日本国憲法の、両方が定着していないこと。政府が、第2の**(二)「独裁化制度」**の、**上記(3)**の各種の情報の歪曲により国民をだますことなどのため、政府と権力者の無数の問題への、**「国民による政府の監視」が機能せず、政治の是正を実行できない**からです。

この人類が創出した最高の政治の、〝世界に通用する「理想」〟を目指す「本来の民主主義」は、各国が、その定着を目指して、次の努力を継続しなければ実現できません。まず、政府は、「理想」と高度な「論理的思考」の教育の国民への徹底と、「論理的決定」が適切に機能するための必須条件の、完全な整備を行う政治を継続すること。また、特に、**国民は、高い意識を持って政治に参画し、普通選挙などを通じて「国民による政府の監視」を行い、政権交代などの政治の是正を継続することが、「本来の民主主義」の実現に必須の鍵**です。

そして、それらが不十分なら権力者は暴走して国民は悲劇に陥り、それらが十分なら、**第2章③⑵**の欧米のように「本来の民主主義」が機能し、国民が共有する国家が目指す〝世界に通用する「理想」〟に向けた進化が実現されます。

このように、**「国民は自らに見合った政府」**を持つと言われています。

最後に本章の論述を総合して、**「本来の民主主義」とは、欧米先進国が民衆の可能性を信じて構築した、『国家が〝世界に通用する「理想」〟の実現に向け、国民の総力を結集し進化を続ける政治』**であると考えています。

第5章　「現代日本の発展と停滞」

ここまでの論述を基礎に、**図1－2**と**図1－4**の(3)の「日本型の発展・自滅」の、「現代日本の発展と停滞」の経過を、**図5－1**に基づき掘り下げます。

① 太平洋戦争後の「現代日本の発展と停滞」

図5－1の下半分の2つの細線の枠の上側の**世界の進化**では、世界全体の産業の面での進化の特徴を示しています。世界の産業は、太平洋戦争の頃には、**工業化社会**に移行していましたが、軍需を含む**産業主体**の時代でした。終戦後には、軍需産業が縮小し、戦争で破壊された各国の復興が急務であったことなどから、世界は**民需主体**の**工業化社会**に移行しました。図の下側の枠には、日本と欧米先進国のそれぞれの、第1の政治と、第2のこの世界の産業の変化の中での産業の進化の特徴を示し、図の上側では、**図1－3**のモデルに沿って、それらの両者の活動の進化の特徴を、赤と青の太線の矢印で示しています。

(1) 太平洋戦争の終戦後の欧米の政治・産業の進化と日本の政治の進化

図の下の枠線の上側の終戦後の欧米先進国の政治の面では、戦争中は独裁政治

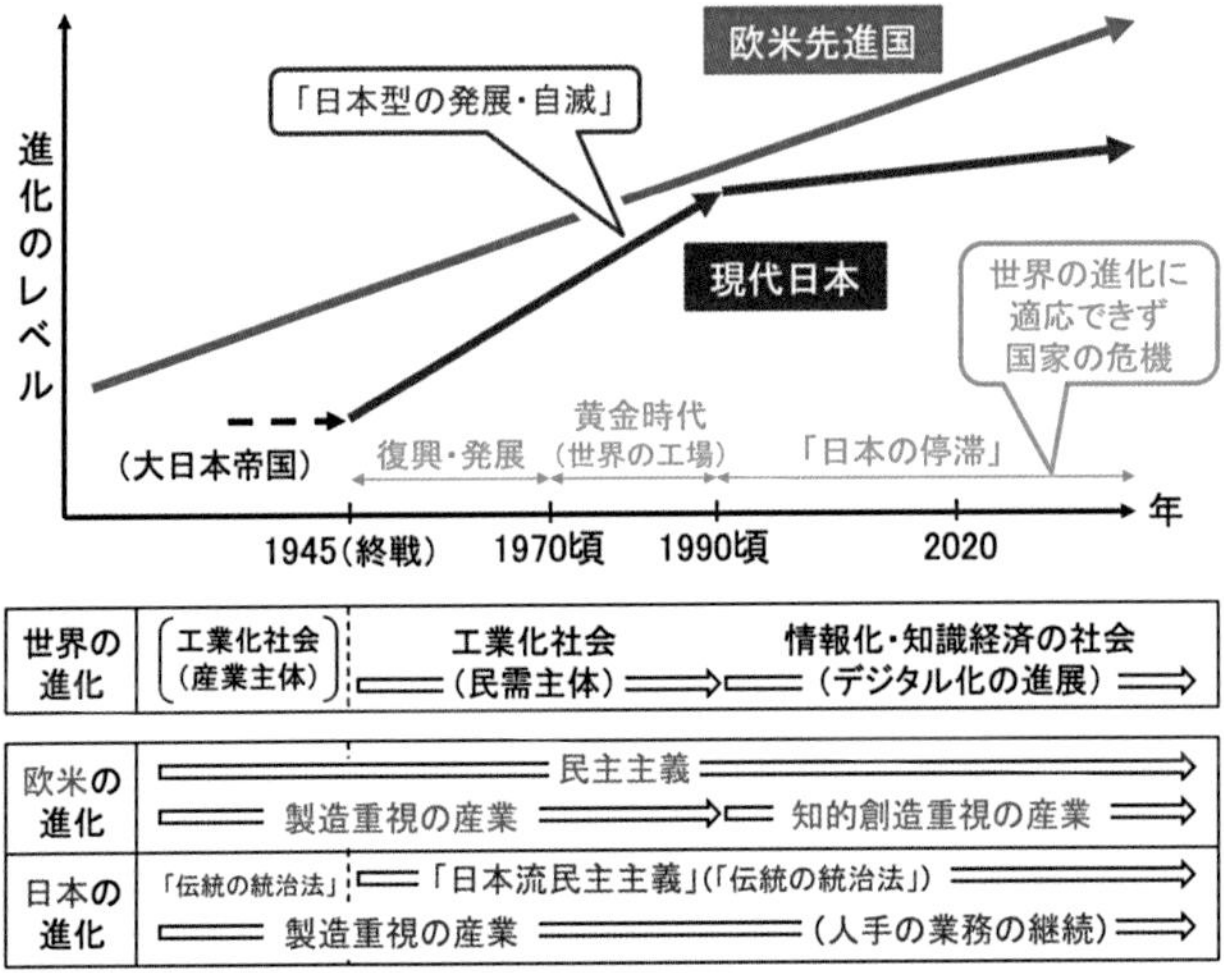

図 5－1 「現代日本の発展と停滞」の経過

の**第6章①⑴**のドイツを含め、**民主主義**の政治が行われました。また、産業の面では、技術が未発達で商品の製造自体が難しかったことから、製造が産業の競争力の鍵であり、また、特許を厳しく制限する、アンチパテントの時代であったことなどから、各国は**製造重視の産業**〟の構造で競争を戦いました。

　他方で、枠の下側の終戦後の日本の進化の、政治の面では、**大日本帝国は国家としては存続**し、アメリカ軍などの指導の下に、**日本国憲法の制定などの政治の改革を実行して、現代日本に移行**しました。その際には、**第2章④⑶**のように、「伝統の統治法」により帝国主義を強力に推進した、吉田茂、鳩山一郎、岸信介などの**大日本帝国の政治家や官僚が、政府の権力者に横滑り**しました。そして、彼らは、「精神的鎖国」を克服できずに、**第4章③**の「本来の民主主義」とは異なる**「伝統の統治法」**の、**第6章④**の**民主主義を偽装した「日本流民主主義」**を定着させました。

⑵ 日本の産業は大発展を実現し1970－80年代に黄金時代を謳歌

日本の産業は、戦後の民需主体の工業化社会は初期段階で、技術や理論が十分進化していなかったため、日本人が得意な体験で習得する**匠の技が有効**であったこと。アンチパテントの時代で、欧米の商品、技術などの**日本の模倣が許容され**たこと。アメリカが軍事予算を削減して、**日本復興に巨額の資金の支援**を行ったことなどの**幸運に恵まれ**、また、戦災で貧困のどん底の**日本は低賃金・長時間労働**でした。その環境の中で、**日本は、**太平洋戦争と同様に、戦略や計画などは何もない、出たとこ勝負の事後対応型で、**欧米を模倣**した**製造重視の産業**の構造により産業の再建を進め、**高品質低価格の製造で世界的な優位性を構築**しました。

その結果、**日本は**、多くの分野の商品で**世界の工場**と呼ばれるようになり、戦災からの**復興**を果たして世界初の**大発展**を実現しました。それに伴い、日本は、アメリカとの間で、1969年と72年に鉄鋼自主輸出規制、77年にカラーテレビ市場秩序維持協定、81年に自動車自主輸出規制。86年に、日本のDRAMの対米輸出による、アメリカの半導体企業の衰退への対策を中心とした、日米の半導体貿易取極、87年に工作機械自主規制を行う状況になりました。

そして、日本は、**図1－2の世界第二の経済大国**になり、1970－80年代に**黄金時代**を謳歌し、**図5－1**の現代日本の前半の発展を実現しました。

(3) 日本は不公正な世界の市場の競争のルールに悪乗りして大発展を実現

この誰も予測できなかった大発展を、日本は実現しました。ところが、その大発展は、欧米先進国が、巨額の先行投資を行って創造した、**技術や商品の下記(6)の「中身」の知的財産を、日本が、不公正な〝ただ乗り（盗み）〟に近い状態で使用し、高品質低価格の大量生産を行って、世界中に販売し実現**されました。それに伴い、商品などを創造した欧米は、本来、それらの販売で得られる収益を、日本に横取りされて（盗まれて）経営が悪化し、次世代の技術や商品を創造する原資が枯渇し、進化の実現が困難になりました。また、進化の実現が不可能な「日本人の考え方」の日本には、次世代の技術などを創造できません。

その結果、この不公正な市場の競争のルールに悪乗りした日本は繁栄しますが、新しい商品や技術を創造できる欧米などが衰退する問題と、それに伴う、世界の持続可能で健全な発展が実現できなくなる問題が発生しました。

この問題の原因は、当時はアンチパテントの時代で、〝技術や商品の構造などの「中身」の**知識**〟は、上記の大きな収益を生む〝財産価値がある**知的財産**〟であるにもかかわらず、ただ乗り（盗み）に近い状態で、他人が利用できたことにありました。すなわち、世界全体の視点からみれば、当時の市場の競争のルールには、極めて不公平な欠陥があったことが原因でした。

(4) 世界の市場の競争のルールが公正な知的財産権重視に移行

それらの問題の解消のために、1990年頃にアメリカが主導して、**第3章①**(4)と同じように、次の公正な新しい世界の市場の競争のルールを定着させました。

それは、〝知的財産に、20年などの一定期間、発明者が独占的に使用できる、知的財産権を厳密に認める。他人の知的財産を使用するには、相応の使用料を支払うなどの**知的財産権重視〟**のルールです。
ところが、黄金時代を謳歌していた、将来予測が不可能な**日本の権力者たちは、この新しい競争のルールの意味を理解できず、〝新ルールの時代に日本を発展させるために、日本人の思考能力を強化するなどの改革〟を実行することはありませんでした。**そのため、この新しい競争のルールの定着も大きな原因になり、日本は、1990年代以降には**下記⑺**の停滞に陥ります。

⑸ 世界で実務を高度化する〝デジタル化が進展〟：知的創造重視へ移行－1
― 日本はデジタル化に対応せずに世界に取り残される

ウィンドウズ95が発売された1995年頃から、パソコンが世界に普及しました。そして、〝物事の膨大な情報の、コンピュータによる蓄積や処理が可能な情**報化社会〟**になり、**図5－1**の〝多くの実務の人手の業務の、コンピュータによる自動化（**IT化**）を含む、**デジタル化〟が進展し、〝大幅な実務の業務の高精度化、高効率化、高度化〟が達成**されました。ところが、**日本では、第8章②⑵**の、**〝伝統の人手が主役の慣習的業務〟**を先輩から引き継いで、従来の**人手の業務が継続**され、**デジタル化に取り残されてガラパゴス化しました。**

この変化に伴い、従来は、**人手の業務であった高品質低価格の製造が、製造設備の高度化とＩＴ化の効果で、多くの後進国でも実行可能になり、先進国になった日本の製造（〝ものづくり〟）の優位性がなくなる変化が発生**しました。

ＩＴ化などのデジタル化は、業務を誤りなく実行するため、「論理的思考」に基づき構築されます。そのため、**デジタル化の成功の前提は、**〝業務の「方法」（業務方法、**マニュアル**）〟が、**第８章②⑴**の「合理的組織運営」のように、**事前解決型**で全てが正確に構築され、**誤りがないこと**であり、誤りがあればデジタル化は失敗します。また、**〝デジタル化の唯一のメリットは、業務は必ずマニュアル（知識、知的財産）の通りに実行されること〟**であり、それを活用して次の変化が発生します。それらは、㈠業務の多くをコンピュータが実行する効果で、**30％以上の人手の業務の人員が削減され、その人員が、下記⑺の知的創造重視の、別の成長分野の業務に移行**する変化。㈡デジタル化は「論理的思考」に基づいているため、マニュアル（知識）を進化させて、**業務の高効率化・高精度化・高度化などを、理論的に実現可能な限界まで進化**させる変化の２つです。

日本政府は、現在、デジタル化を急ぐ中で、問題が多発している理由を掘り下げます。デジタル化は2つの部門の責任分担で実現します。その第1は〝実務を担当する**業務担当部門**〟で、誤りがない〝文章で記述した**知識**〟の、業務の**マニュアル**を策定する責任。そして、このマニュアルを基に、〝コンピュータによる自動化（IT化）を行う**ITシステム**〟の、仕様書を正確に策定する責任があります。第2は、その仕様書に基づき、〝ITシステムを構築する**ITシステム構築部門**〟で、その責任は、誤りなく仕様書の通りに機能する、コンピュータのプログラムを開発して、ITシステムを構築することです。

この2つの部門の業務の注意すべき点は、従来の体験で業務方法を体得する慣習的業務から、「論理的思考」により、誤りがない他社以上に高度な、マニュアルとITシステムのプログラムの、**知識（知的財産）**を創造する業務に変わった点。すなわち、世界の情報化社会への移行に伴い、**図5－1**の〝知的財産の創造が重要な位置付けの、**知的創造重視**〟の産業の業務に移行している点です。

この2つの部門で発生する問題を掘り下げます。ITシステム構築部門は理系の分野で、彼らが取り扱うコンピュータやそのシステムは、「論理的思考」に基づいており、仕様書が正確なら、まず問題は発生しません。それと対照的に、デジタル庁のマイナンバーカードなどの、**業務担当部門では、**「伝統の統治法」の先輩から引き継ぐ、**第８章②⑵**の迷宮のような事後対応型の慣習的業務が、実行されていることから、誤りの発生を排除できず、人手での手直しが必須です。そのため、事前解決型の**誤りがない、業務方法（マニュアル）やＩＴシステムの仕様書を策定することは不可能**です。従いまして、デジタル庁などは、多くの日本の組織のように、業務の概要だけをＩＴシステム構築部門に説明し、ＩＴシステムの構築を丸投げで発注したことは確実です。それに伴い、**説明がない部分の業務を、ＩＴシステム構築部門が、誤りを発生させないようにＩＴ化するのは不可能**です。その結果、新型コロナの現金給付（**前著４**で分析）や度重なるマイナンバーカードの、**デジタル化の問題が多発**したと推定しています。

結論として、政府のマイナンバーカードなどの**業務担当部門が、**組織運営において「論理的思考」を実行できない、**第３章③⑶**の「知力の差異」があること。そのために、**自らの本職の業務の、〝手直しが発生しない業務方法（マニュアル）〟を策定できないことが、日本でデジタル化の問題が多発する原因**です。そのため、現状の政府のデジタル化の進め方では、今後も問題の発生を避けられません。なお、この問題の対策に関しては**第8章②⑶**で言及します。

⑹　世界は情報化・知識経済の社会に進化

前項⑸のように、多くの国で高品質低価格の製造が可能になったことから、商品を製造（〝ものづくり〟）により差異化するのは困難になり、**〝商品の機能・性能などの「中身」〟が、商品を差異化する時代に進化**しました。それに伴い、スマホなどのように、顧客が商品を購入する場合の**価値（価格）は、その商品の機能・性能などの「中身」を差異化する、高度な構造、美しいデザインなどの、人の思考に基づく知識により創造され決定される時代**になりました。また、世界市場は、価値がある知識（知的財産）を、**上記⑷**の知的財産権により保護する競争のルールに進化しましたので、〝世界は、あらゆる分野で人が生み出す知識が価値を生み出す社会（**知識経済の社会**）〟に移行しました。そして、世界は、〝この知識経済の社会と、**前項⑸**の情報化社会の両方の特徴を持つ社会〟に移行しました（本書では**図5－1**の**情報化・知識経済の社会**と呼ぶ）。

⑺　世界の産業構造の進化。「日本の停滞」が定着：知的創造重視へ移行－2

世界が情報化・知識経済の社会に進化した1990年代以降は、**上記⑸**のように、製造では、後進国が有利に先進国が不利になったこと。商品の「中身」を作り出す**前項**⑹の知的財産が、商品を差異化し販売価格を決定する時代に移行したこと。その知的財産を、自社の知的財産権で保護して、他社の模倣を排除する知的財産権重視の、**上記**⑷の市場の競争のルールが定着したことなどから、世界の産業構造に次の進化が起こりました。先進国の産業構造は、㈠**上記**⑸㈠の30％の人員に加え、製造を低コストの後進国に委託して人員を捻出する。㈡それらの人員も投入して、〝商品の「中身」を差異化する知識を自社で創造し、知的財産権で保護して他社の模倣を防止し、自社の商品を差異化して事業を発展させる産業構造〟の時代。すなわち、**上記**⑸と同じ、**図5－1**の〝知的財産の創造が重要な位置付けの、**知的創造重視の産業**〟の時代に移行しました。

知的創造重視の産業の時代とは、「論理的思考」が不得手な日本人は、従来にない新商品を実現する知識を創造できないこと。他社の知的財産権で保護された、新しい商品を模倣できないことから、**日本は、新規分野の産業では欧米に太刀打ちできない時代**を意味します。そして、日本は、〝**知的創造重視の産業の新時代**〟に対応できず、今や後進国でも実行できる、従来の**製造重視の産業を続け**

てガラパゴス化し、1990年代以降に「日本の停滞」に陥りました。

このように、日本は、**上記(5)**の実務の面では、人手の業務を継続し、**本項(7)**の産業構造の面では、製造重視を継続する、2つの面での知的創造重視に対応できないガラパゴス化のために、「日本の停滞」が深刻化を継続します。

② 「大日本帝国の栄枯盛衰」と「現代日本の発展と停滞」は瓜二つ

第3章①の1867年からの大日本帝国と、**前項①**の1945年からの現代日本の、「日本型の発展・自滅」の歴史は、瓜二つであることを示します。この分析を行う理由は、時代も国家の注力分野も異なる2つの日本が、瓜二つの栄枯盛衰の経過をたどったことは、これらの2つの時代には、共通の根本的な原因があることを示す、有力な傍証になるからです。

(1) 大日本帝国は軍事立国、現代日本は産業立国を目指し世界との競争を開始

幕末と大日本帝国の末期の日本が、**第2章③(3)**の外圧により国家存亡の危機に陥りますと、それぞれの危機を発生させた支配階級の一部が、危機克服を目指す

新政府の権力者に横滑りしました。そして、彼らは、自分達が独裁的な権力を維持できる、**従来の「伝統の統治法」により、欧米を模倣して日本の改革**を行いました。まず、大日本帝国は、〝軍事力を強化し戦争に勝って国家を発展させる**軍事立国**〟を、次に、現代日本は、〝産業の力を強化し産業の競争に勝って国家を発展させる**産業立国**〟を目指して、世界との競争を開始しました。

このように、日本の危機の後の２つの時代の改革で、日本は、軍事と産業の異なる分野で世界と競争を行いますが、その発展と停滞の経過は瓜二つです。

⑵　２つの時代とも日本の危機の根本原因を解明せずに事後対応型で改革に着手

この日本の２つの改革の本来の最も重要な使命は、欧米のような進化を継続できない原因の解明を行って、完全に解消することでした。なぜなら、〝根本原因の「伝統の統治法」を除去する**原因療法**〟を実行しなければ、その後、危機が繰り返し発生するからです。ところが、この２つの時代の日本の権力者は、危機の原因の解明を行うことなく、その原因の「伝統の統治法」により、欧米を模倣して、対症療法の出たとこ勝負の事後対応型で改革を推進しました。

例えば、本来なら、この２つの時代の日本の改革では、まず、大日本帝国は、軍事立国の帝国主義の外国侵略を将来とも継続して、日本を発展させることは可能かどうかを、事前に十分検討するべきでした。ところが、その検討もなく、戦国時代の戦国大名のように外国侵略による領土拡大を継続しました。

また、現代日本は、産業立国の産業政策の実行の前に、自国の新しいビジネス・モデルは、世界中に問題を発生させずに、日本と世界に適切な発展をもたらし、持続可能であることを確認すべきでした。ところが、その検討もなく、事後対応型で日本に都合が良いように、欧米先進国の技術や商品の構造などを、ほぼただ乗りで模倣した商品を製造して、世界への販売を行いました。

このように、2つの時代の日本は、欧米の進化した軍事や産業の各種の物事から、〝自分に好都合な部分をつまみ食いして模倣〟し、改革を進めました。

⑶ 2つの時代の日本は40~50年後に最盛期に到達

大日本帝国の初期には、**欧米**（の武器や戦法）**を模倣**して軍事力を強化し、欧米に相当追いつきました。その後、それらを日本流の匠の技で体験的に磨き上げ、幸運にも恵まれて、前半の時期には大きく発展しました。全く同じ経過で、現代日本は、**欧米**（の民需商品や製造装置や各種の技術など）**を模倣**して製造力を強化し、欧米に相当追いつきました。その後、それらを日本流の匠の技で体験的に磨き上げ、幸運にも恵まれて、前半の時期には大きく発展しました。

そして、軍事立国と産業立国を目指した、これらの2つの時代の日本はそれぞれ、初期の国家存亡の危機の克服と国家の発展に成功して、各時代の開始から40〜50年後に最盛期に至り、世界でも有数の国家に成り上がりました。

⑷ 不公正な手段で国家を発展させた2つの時代の日本

この2つの時代の日本は両者とも、世界全体を公正に評価する視点から見ますと、いずれ、世界では禁止される、持続可能でない不公正な手段で、国家を発展させた大問題がありました。まず、大日本帝国は、他国を軍事力で屈服させ、その領土・人民・財産を奪い取って、日本を発展させました。また、現代日本は、欧米先進国が長い時間と多大な経営資源を投入して創造した、技術や商品の構造などの「中身」の、高い価値がある知的財産を、ほとんど対価を支払わずに、いわば、盗んで大量生産を行い、世界中に販売して発展を実現しました。

世界のあるべき姿などの理想を持たない日本人は、この状況に何の疑問も持ちませんでした。しかしながら、日本だけが、不公正な手段で他国に迷惑をかけながら発展する世界が、いつまでも続くはずがなく、日本の権力者は、その持続可能でない不公正な手段による発展を卒業して、全世界が認める、公正な手段による競争に移行する準備を進めるべきでした。

ところが、**将来予測が不可能な日本の権力者は、現状の成功に有頂天になり、将来必ず発生する、世界の変化に備えた準備を行うことはありませんでした。**

(5) 2つの時代の世界は公正な世界の競争のルールに進化

他方で、〝世界に通用する「理想」〟に向け、世界の持続可能な発展を目指す、欧米先進国の目から見れば、この状況を看過することはできず、特に、日本が世界全体に対して、これらの手段で大きな悪影響を与える事態になれば、なおさらです。そして、「理想」を目指した政治を行う、アメリカは、それらの2つの持続可能でない、不公正な手段を禁止するために、**第3章①(4)と上記①(4)**のように、2つの時代の世界の競争のルールを公正なものに進化させました。

なお、これら2つの競争のルールの変更に対し、**2つの時代の日本は、**その変更は、日本の競争力を低下させる差別的なルールであると強く反発し、**次項(6)〜(7)**のように、**そのルールに適応せずガラパゴス化しました。**

⑹ 大日本帝国は現状維持で㈠公正な競争への進化と㈡実務の進化に対応せず

大日本帝国の場合は、アメリカが、帝国主義を否定する、**第3章**①⑷の民族自決の新しい世界の競争のルールを定着させ、日本が帝国主義の外国侵略を継続すれば、世界中が、それを阻止する制裁を日本に加える体制が順次構築されました。本来なら、日本の権力者は、1920年頃には、世界中の反対の中で、従来の帝国主義の外国侵略により日本を発展させる、軍事立国の継続は不可能と気付くべきでした。そして、日本を平和国家に転換させ、日本を発展させる外国侵略以外の公正な手法の、産業活動による産業立国に転換するべきでした。

ところが、軍部などの日本の私利私欲の権力者たちは、**第3章**②⑴のように侵略戦争を継続すれば、膨大な利権を維持できる中で、産業立国などに移行すれば、その膨大な利権を失います。そのため、権力者たちは、世界の㈠**公正な競争への進化**に対応することなく、従来の不公正な帝国主義による、外国侵略を現状維持で継続して、世界中の反対の中で従来以上に領土を拡大しました。

また、太平洋戦争の時期には、欧米先進国では、戦争の〝日常の㈡**実務**の進め方〟の戦法が、大きく**進化**しました。まず、陸戦では、兵士の生命を保護する戦車・装甲車などの機甲部隊により、海戦では、攻撃力が戦艦より格段に高く高速で移動可能な、〝航空機で戦う空母が主力の機動艦隊〟により、〝戦略を駆使して戦う頭脳的戦法〟に移行しました。ところが、大日本帝国の軍部の権力者は、従来の肉体的戦法の銃剣突撃や、戦艦による艦隊決戦を推進する部署の人物が大部分で、多数の兵士や巨額の予算などの利権を保持していました。そして、彼らは、**第3章①⑹**の兵士の生命軽視に加えて、この膨大な利権を維持するために、肉体的戦法や艦隊決戦を、現状維持で継続しました。

このように、**大日本帝国の私利私欲の権力者は、第一次世界大戦後の世界の、民族自決への㈠公正な競争への進化と、肉体的戦法から頭脳的戦法への㈡実務の進化の2つに対応せず、従来のやり方を継続してガラパゴス化しました。**

⑺ 現代日本は現状維持で㈠公正な競争への進化と㈡実務の進化に対応せず

現代日本の場合は、**上記①⑶**や**上記⑷**の、欧米先進国の技術や商品の構造などをただ乗りで模倣して、日本だけが発展し、欧米と世界の進化の停滞が発生する不公正が顕著になりました。その問題の解消のために、アメリカは、1990年頃に、世界を**上記①⑷**の知的財産権重視の、市場の競争のルールに移行させる、世界の〝**㈠公正な競争への進化**〟を定着させました。それに伴い、日本は、欧米先進国の技術や商品の構造などを、従来の実質的にゼロに近い費用で使用できなくなり、それまでのような進化の実現は不可能になりました。

それに加えて、世界中の政治、産業、軍事などの、あらゆる人の活動の**㈡実務**における、**上記①⑸**のデジタル化が大きく進化しましたが、日本は対応せずに世界に置き去りにされ、韓国や台湾と比較しても大きく後れています。

そして、**1990年代以降の日本は、私利私欲の権力者の自民党の、第6章④⑵の選挙対策の現状維持の政治のため、世界の㈠公正な競争への進化と、デジタル化への㈡実務の進化に対応せず、従来の活動を継続しガラパゴス化しました。**

⑻　2つの時代の日本は約80年間で「日本型の発展・自滅」の自滅に至る

そして、1867年の明治維新以降の大日本帝国は、78年後の1945年に太平洋戦争の敗戦により自滅しました。また、1945年に再出発した現代日本は、78年後の2023年には、「日本の停滞」を30年以上継続して、『日本が先進国から脱落する日』と評論されるように、自滅しつつあります。

本項②⑴〜⑺の結論として、**軍事立国を目指した「大日本帝国の栄枯盛衰」**と、産業立国を目指した「現代日本の発展と停滞」は、それら2つの危機の発生の経過と内容、発生の時間の長さの面で、瓜二つと判断されます。

③ 日本では3回の「日本型の発展・自滅」による国家の危機が発生
――この期間の日本人、特に、権力者は本質的に同じ特徴を持つ

3つの「日本型の発展・自滅」の中の残された最後の**第2章①**の、「徳川による日本の危機」の発生の状況は、危機の発生までに約200年かかったことを除いて、**前項②**の2つの危機と本質的には同じです。なお、危機の発生までの時間が長かった理由は、幕府の安泰を揺るがす外国からの島国の日本への外圧が、幕府の鎖国の期間は排除されたからであり、その期間を調整しますと、これらの3つの「日本型の発展・自滅」は、本質的に同じと判断されます。

従いまして、話題にはなりませんが、**日本は、江戸時代後半から現在の200年間に、**欧米先進国が順調に発展する中で、**「伝統の統治法」**が根本原因になって、同じように、**図1－4の3回の「日本型の発展・自滅」**を発生させ、国家

の危機に陥ったことが検証されたと判断しています。

また、この分析から、残念ながら、江戸時代から現在までの期間の日本には、我が日本の順調な発展を実現できない、**次の特徴の私利私欲の権力者しかいなかった**ことが、明らかになりました。それらは、(1)江戸時代以降の日本の権力者は、**島国の日本に特有の、「伝統の統治法」による実質的な独裁政治を行い、江戸時代後半以降進化していない。**この件は、現代日本に関して次の**第6章**で掘り下げます。(2)日本の権力者は、**繰り返し発生する、国家の危機の根本原因を解明して解消し、日本の進化の永続を可能にする思考能力を持っていない。**(3)日本の権力者は、欧米の権力者のように**理想を持つことなく、「私的な目標」の実現のために、私利私欲の主観的な判断を行うことから、世界の進化の意味を理解できない。**(4)日本の権力者は、世界の進化を理解できず無頓着で、**自らの権力と利権を維持できる日本の現状を、私利私欲から独裁政治により継続してガラパゴス化させ、**過去と同じ**「日本型の発展・自滅」による国家の危機を、繰り返し発生させる**特徴などです。

第6章　現代日本の「日本流民主主義」

日本人には、日本は、明治維新以降に大きく進化し、現在では、世界有数の先進国の民主主義国家になっているとの、常識が定着しています。ところが、**現実の日本は、欧米を模倣して、うわべだけは彼らに似た国家に進化したように見えますが、図1－4のように、進化を継続する欧米先進国と異なり、日本は停滞を繰り返す特徴**があります。そして、現在では、30年継続する「日本の停滞」のため国家の危機に陥っています。その欧米先進国は、国家の悲劇を繰り返した過去の歴史に学び、18世紀末に、政治の方法を**第４章③**の「本来の民主主義」に改革したことにより、進化を継続する国家に生まれ変わっています。

この状況から、本項では、現在の日本の政治は、欧米先進国の〝世界に通用する「理想」〟の実現を目指して、進化を継続する「本来の民主主義」とは大きく異なる、「伝統の統治法」の「日本流民主主義」であることを検証します。

①　民主主義の後進国のドイツ・ロシアの歴史と日本の歴史

日本の政治の問題の分析の際には、民主主義の後進国の歴史にも重要な示唆が含まれています。従いまして、**図1－4**の江戸時代後半から現在に至る時代に、日本と同じように2～3回の国家の危機に陥った、民主主義の後進国のドイツとロシアの両国の歴史を、**前著4**から要約します。

(1) 明治維新以降の民主主義の後進国のドイツの歴史の要約

ドイツの1つの地域を支配していたプロイセン王国は、1850年に民主化運動の中で近代化を装い、国王による独裁的な立憲君主制のプロイセン憲法を制定しました。なお、明治憲法はこの憲法を模倣しました。ビスマルクの活躍などで発展したプロイセンは、1871年に、ドイツを統治するドイツ帝国に移行し、その後、欧州、アフリカ、太平洋諸島、中国で支配地を拡大して、世界有数の帝国主義国家に発展しました。ドイツは帝国主義の駆け引きから、第一次世界大戦を発生させて1918年に敗退し、1回目の国家の危機に陥りました。

国民に「論理的思考」が普及し、民主主義の素地があったドイツでは、その第一次世界大戦の末期からの、民衆によるドイツ革命が継続して、ドイツ帝国は崩壊しました。そして、1919年に過去の独裁政治の失敗に学んで、民主主義のワイマール憲法を制定し、民主主義のドイツが誕生しました。なお、この憲法には、直接選挙で選ばれた大統領は、ほぼ、何でも実行できる緊急条項がありました。その後、世界恐慌や第一次世界大戦の賠償金などのために、ドイツが疲弊すると、ヒトラーは、国民を扇動して、自らが主導するナチ党による政権を樹立しました。そして、その緊急条項の濫用などの極めて強引な手法で、圧倒的な国民の支持を獲得し、1934年に一応は合法的に独裁（**合法的な独裁**）を完成させました。すなわち、憲法の不備と、ヒトラーが国民をだますのを防げなかった失敗から、ドイツの民主主義は行き詰まりました。そして、ヒトラーのナチスドイツは、ヒトラーの狂信的な信条に基づき、39年に第二次世界大戦の悲劇を発生させて、ヨーロッパの多くを破壊し、45年5月9日に、世界中の反撃で敗戦に追い込まれて、ドイツは2回目の国家の危機に陥りました。

戦後には、**第5章①**⑴の大日本帝国と対照的にドイツの国家は消滅し、戦勝国が軍政を行う、ソ連が占領する東ドイツと、米英仏が占領する西ドイツに分割されました。この中の西ドイツは、戦前の民主主義のワイマール憲法のドイツでは、独裁が発生した失敗に学び、〝合法的な独裁を発生させない仕組みを持つ、従来の民主主義を進化させた**戦う民主主義**〟の憲法を制定し、ドイツ連邦共和国を

1949年に建国しました。

新生ドイツは、**ナチスドイツは、国民をだまして第二次世界大戦を発生させたとして、ナチスドイツの幹部などを完全に追放**するとともに、**その政治の問題を歴史教育で国民に完全に理解させ、その再発を絶対に阻止する教育を国民に徹底**しています。さらに、それを含めて国民が正確な情報を獲得し、〝**公正に政治の監視を実行する、「国民による政府の監視」**〟**を実現**しました。そして、**ドイツは、自力で「本来の民主主義」に進化**し、共産主義のために疲弊した、東ドイツを統合して救済した上で、2021年の国民1人当たりのGDPは日本の1・3倍を達成しました。また、ドイツは、「本来の民主主義」により、**第4章③⑵**のように、**今後とも、政権交代があっても順調な進化を継続**すると考えられます。

⑵ 明治維新以降の民主主義の後進国のロシアの歴史の要約

典型的な独裁政治のロシア帝国は、1721年に誕生し、最盛期には現在のウクライナを含む、ヨーロッパからアジアに至る、ユーラシア大陸の北部の広大な地域を支配しました。ところが、世界中の民主化運動の影響などもあり、ロシアは、1905年の血の日曜日事件以降は、革命騒動やロシア内戦が発生するなどの混乱が続きました。そして、17年にロシア革命が発生し、ロシア帝国は崩壊して多くの国家に分裂し、1回目の国家の危機に陥りました。

1922年に上記の分裂した国家の大部分が参加する連邦制で、共産党の1党独裁のソ連が発足し、参加国の中で最大のロシア連邦共和国が、ソ連全体を統治しました。このソ連では、スターリンに代表される、ロシア帝国からの伝統の独裁政治が行われました。そして、ロシア帝国と類似の悪質な帝国主義の勢力拡大を継続し、39年の第二次世界大戦の初頭には、ポーランド、フィンランドへの侵攻、バルト三国の併合などを、45年のドイツの降伏後には、欧州で帝国主義の勢力拡大を露骨に行いました。その結果、ソ連は、一時的には、アメリカと並ぶ世界第2の超大国に発展しましたが、独裁政治による帝国主義のために、世界を不安定化させました。その後、共産主義の限界から、ソ連は、1991年12月に崩壊して2回目の国家の危機に陥りました。

この混乱の中で、ソ連の中核であったロシア連邦共和国が、**市場経済と普通選挙の、形の上では民主主義**のロシア連邦に移行しました。その後、独裁政治の歴史しかないロシアでは、低迷が続いた中で強権政治により主導権を握った、プーチンが、2000年3月の大統領選挙で圧勝し、普通選挙を実行しても、「国民による政府の監視」が機能しない、**合法的な独裁**に逆戻りして現在に至っています。そして、「ロシアがないなら、地球に何の用がある?」と考える、プーチンは、帝政ロシアの、世界的覇権を再構築する信条の実現のために、核の使用も排除せずに、西欧諸国などの反対の中で、2008年以降、ジョージア、ウクライナなどへの侵攻により、勢力拡大を続けています。

現在(2023年)のロシアのウクライナ侵攻に関して、ロシアは強気を崩していませんが、世界の大勢の見方は、今後のロシアは継続する制裁のために、長期の停滞に陥るとしています。すなわち、ロシアは3回目の国家の危機に陥りつつあります。ところが、**ロシア**は、**普通選挙により政権交代を実現できる制度**ですが、国民は、ロシアの政治の現状を失敗であるとは評価せずに、圧倒的なプーチン政権の支持を継続します。その原因は、**第4章③⑵**の民主主義に必須の「論理的思考」と「理想」の憲法が、**ロシアには定着していない**ことと、政府が情報の歪曲により国民をだますことなどから、**第4章③⑶**の「国民による政府の監視」が機能しないからと判断されます。それに伴い、ロシアのウクライナ侵攻、すなわち、ロシアの3回目の国家の危機は、実質的な独裁政治を実行する、プーチンがあきらめるまで継続すると考えざるを得ません。

(3)　民主主義の後進国のドイツ・ロシアの歴史と日本の歴史の相違点と類似点

日本とドイツの歴史を比較します。1～2回目の国家の危機の後に、**ドイツは**旧政権の支配階級ではない**民衆が主導**し、それぞれの**危機の原因の解明を行って改革を実行**しました。そして、改革の1回目は失敗しましたが、2回目では問題を完全に解消し、3回目の危機に陥ることなく、**現在では発展を継続**しています。

他方、**日本は**、1～2回目の両方の国家の危機の後に、**旧政権の支配階級が新政権に横滑り**し、**危機の原因の解明を行わず**、**危機の根本原因の「伝統の統治法」を引き継いで**、欧米の政治の好都合な部分を、つまみ食いした改革を行ないました。そして、**根本原因を除去する原因療法の改革を実行できなかった日本は**、現在の「日本の停滞」の、**3回目の国家の危機**に陥っています。

この両者の比較から、〝「国家の指導者」とその指導者を生み出す「国民」の思考能力〟の面では、島国の日本より、ヨーロッパの中で切磋琢磨され、歴史的に「論理的思考」が普及しているドイツが優れています。そして、**島国の日本は、**

国民の活動の成果を左右する思考能力が低く、国家の危機の原因の解明を行なえずに、対策が的外れであったため、繰り返し国家の危機に陥りました。

日本とロシアの歴史の類似点を整理します。日本の幕末と、ロシア帝国の崩壊の1回目の国家の危機の際には、**両国とも、過去に独裁政治の歴史しかなく、国民には封建的な常識や独裁政治の常識が、強固に定着**していました。当然、独裁政治では、国家は、独裁政治の否定につながる、「論理的思考」や民主主義などを国民に教育しません。そのため、1回目の危機の後の改革を民衆が主導して、民主主義の国家に移行することはなく、結局、**両国には、それぞれの国民の常識に沿った独裁政治が定着**しました。その独裁政治が行き詰った、太平洋戦争での敗戦後の日本と、ソ連崩壊後のロシアの**2回目の国家の危機の後には**、両国とも**普通選挙を行う民主主義のような政治に移行**しました。ところが、両国の民衆には、「論理的思考」や民主主義ではなく、**封建的な常識や独裁政治の常識が定着**しており、上記の**1回目の改革と同じ失敗を繰り返しました。**そして、**現在の日本とロシアでは**、自民党とプーチンの政権が、〝失政を継続しても政権が交代しない**実質的な独裁政治〟**を継続し、3回目の国家の危機に陥っています。

(4) **「本来の民主主義」とは異なる日本の政治の「日本流民主主義」**

日本人には、現在の日本は民主主義国家との常識が定着していますが、上記のように、日本の政治はドイツの「本来の民主主義」とは異なります。そして、**日本の政治は、普通選挙を行うロシアと同じ**で、自民党が、30年間も「日本の停滞」などの、〝失政を継続しても政権交代が発生しない**実質的な独裁政治**〟の、**「日本流民主主義」**が実行されていますので、その政治を掘り下げます。

② **江戸時代の「伝統の統治法」が引き継がれている現在の日本**

現在の日本には、江戸時代や大日本帝国の「伝統の統治法」が引き継がれているとの、**第2章④や図5－1や前項①⑷**の分析を信じられる方は、まずおられませんが、現実には**封建的な常識を含む、「伝統の統治法」が違和感なく受け入れられています。**例えば、日本の良心を代表する公共放送を自任するＮＨＫが、『鎌倉殿の13人』や『どうする家康』などの多数の時代劇を放映し、高い視聴率を得て日本人に支持されています。その**時代劇では、**多くのシーンは、**法の支配**

ではなく「勝者が支配者」、家柄・世襲が極めて重要、私利私欲の戦《いくさ》、だまし討ち、女性蔑視などの**封建的な常識**に沿っています。すなわち、**時代劇は、〝日本人が順守すべき「理想」を示す、民主主義の日本国憲法〟に違反**しています。なお、アメリカでは、日本の時代劇に対応する西部劇は、憲法に違反しており、テレビで放映されることはまずありません。

本来なら、日本では、それらの**時代劇は**、英雄の成功物語ではなく、**極悪人の主人公が、社会正義に反する、敗者を殺したり抑圧したりする蛮行などを行ったとして、厳しく断罪される物語として、放映されなければなりません**。ところが、この日本国憲法に違反する封建的な権力者が、犯罪的行為を駆使して日本を支配する『鎌倉殿の13人』は、最も優れた脚本として権威がある表彰を受けたように、日本人には、「伝統の統治法」が広く受け入れられています。

このように、日本人の意識では幕末で近代化され姿を消したはずの、封建的な「伝統の統治法」が、現在の日本に脈々と引き継がれている実態と理由を、**次項③〜⑦**で掘り下げます。

③ 国民が目指す「理想」、「論理的思考」を教育しない日本

国民の常識を含む国家の統治法は、**第2章④⑴**のように、国家の教育以外の方法では進化させることができないことから、教育に関して論述します。

⑴ 「本来の民主主義」を定着させる論理的な一貫性がある〝理想的な教育〟

人類が創出した最高の政治は、**第4章③⑴**の「本来の民主主義」であることから、各国は、その定着を目指す教育を行う必要があります。この観点から、比較のために、国家が目指すべき「本来の民主主義」を定着させるための、論理的な一貫性がある〝理想的な教育〟を、欧米の歴史を題材に要約します。

その教育では、当然、**民主主義の基礎の第4章①～②の、憲法に示す民主主義の国家の「理想」、その「理想」を実現する「論理的思考」の2つと、第4章③の民主主義そのものを、国民に徹底する教育**を行う必要があります。

それと並行して、民主主義を機能させない、伝統の独裁政治や封建的な常識などを根絶するために、**「理想」の民主主義を「絶対的判断基準」として策定した、自国の民主主義の構築の歴史教育を行い、国民に民主主義の意義を理解**させるこ

とが必要です。その**歴史の前半**の、私利私欲の権力者が繁栄を謳歌し国民は不幸に陥った、長い**近世末期までの歴史**では、短時間の教育で、権力者の横暴と国民の困窮に的を絞って、**独裁政治の問題を理解**させます。**歴史の後半**として、第1の**近世末期の歴史**では、民衆が、民主主義の実現のために、市民革命や独立戦争などを戦い、大きな犠牲を払った歴史を教育し、**民主主義の構築と維持の難しさを理解**させます。第2の**近現代の歴史**では、民主主義を脅かす2度の世界大戦や強権国家との戦争などで、**民主主義を守り通した歴史**を教育します。

欧米先進国は、基本的に、このような、民主主義そのものと、自国の民主主義の構築・維持などの歴史の、論理的な一貫性がある教育を行う。それにより、**〝国民が協力して「理想」を実現する第4章③の「本来の民主主義」〟を、多くの国民の賛同を得て、国中に定着させている**と推定しています。

(2) 日本の支離滅裂な教育

この教育と対照的に、理想を持たない出たとこ勝負の日本の教育は支離滅裂です。日本では、国民に政治などの問題の原因の解明が可能で、〝進化の実現が可能な「論理的思考」〟を教えずに、**愚民政策**の〝膨大な物事の知識を丸覚えさせる**知識詰め込み教育**〞を行います。そして、日本の将来の人材を選抜する大学入試センター試験では、思考能力ではなく、記憶能力を評価しています。

日本が「理想」として目指しているはずの、**日本国憲法の教育**は、通り一遍で、国民全体の行動の指針として定着させるには不十分です。

日本の歴史教育の**近世以前の歴史**では、天皇一族や貴族や武士の、〝私利私欲の権力闘争の「勝者が支配者」で、日本の権力者になる美化された**虚像の日本史**〞を、長い時間をかけて教えます。そして、その陰で発生した、**権力者の横暴や国民の困窮などの問題は教えられません**。この教育に伴い、**日本の子供たちに**は、弱者を含む国民全体に対する配慮などが育つことはなく、**戦いの勝者が権力者になる、「勝者が支配者」の封建的な常識が浸透し定着**します。

近現代の歴史教育では、**上記**①(1)のドイツは、第二次世界大戦は誤った戦争で、その原因がナチスの独裁政治であることや、再発防止策などの教育を徹底しています。それと対照的に、**日本では、大日本帝国が国民をだまして実行した、国家の凶悪犯罪に等しい太平洋戦争は、「本来の民主主義」なら発生しなかったことを解説し、戦争の再発防止を徹底する教育などは行われません。**

この政府の民主主義の重要性を教えず、虚像の日本史を教える教育の結果、**第8章④⑴**のように、**日本の子供たちは、親から日常生活で教えられる「伝統の統治法」を、独裁政治の問題に気づかず、そのまま引き継ぎます。**

⑶　日本と欧米先進国の教育の差異の影響

欧米は、国民に「理想」と、〝進化の実現が可能な「論理的思考」〟を教育する結果、**国家や組織が「理想」から乖離した場合は、国民が、その乖離を縮小する政治の是正などを行い、「理想」に向けて進化を継続**します。

「論理的思考」を教育されない**日本人は、はじめに－②⑶**のように、実現手段がない理想を持たず、自分に不利な判断を行うことはなく、**私利私欲の主観的な判断を行います。**その結果、**日本では、誰も目指していない、「理想」の日本などが実現されるはずはなく、国家や組織は進化せず停滞を継続**します。

④　現代日本の「日本流民主主義」の概要

日本人には、日本人は公正な民族との常識が定着しています。ところが、現実には、「理想」の実現を基準に判断する欧米人と異なり、**前項③(3)**のように、日本人は私利私欲の判断を行うことから、日本では、「本来の民主主義」と異なる、本項の「伝統の統治法」の、私利私欲の「日本流民主主義」が実行されます。

(1) 選挙の「勝者が支配者」になり、多数決の暴力により国政の利権を独占

「日本流民主主義」とは、普通選挙を実施し選挙で勝った与党が、多数決の暴力により、封建的な常識の「勝者が支配者」に基づき、絶対的な権力を濫用する、実質的な独裁政治です。この政治は、日本を「理想」に向けて継続的に発展させ、国民に幸福をもたらす民主主義ではなく、権力者の胸先三寸に左右される独裁政治です。日本では、古来、徳川家康をはじめ私利私欲の権力者たちは、例外なく国政の利権を独占し、国民が困窮する中で我が世の春を謳歌しました。

同じように、**現代日本の権力者は、国家の発展や国民の幸福は眼中になく、**国政の利権を独占する権力者の地位を強引に維持して、**私利私欲の独裁政治を継続し、「日本の停滞」で国民が困窮する中で、我が世の春を謳歌**します。

そして、彼らは、**第2章③(3)**のように、外国からの外圧により、自らの絶対的権力を維持できなくなるまで、すなわち、**日本が自滅状態に陥るまで、その私利**

私欲の独裁政治を現状維持で継続します。

⑵　国政の利権による利益誘導で選挙の多数派工作を行い政権与党の座を維持

「本来の民主主義」の政治で、指導者が権力を得る根拠は、**第４章③⑵～⑷**の、「論理的思考」や「論理的決定」を、想定通りに機能させる条件を整える。そして、各政党が〝憲法が目指す「理想」の国家を実現する政策の優劣を競う普通選挙〟において、〝「論理的思考」の国民〟が、〝「理想」の最適な実現を基準に判断して、一番優れた政党を選び、国政の主導を委託〟することにあります。

ところが、「論理的思考」でない日本人は、日本国憲法の「理想」を基準に判断することはないため、普通選挙を実施しますが、その実態は「本来の民主主義」とは全く異なります。「日本流民主主義」では、選挙での勝利のために、**上記③⑶の日本人は理想を持たずに、**私利私欲の主観的な判断を実行する特徴が悪用されます。そして、**政権与党は、**国家を発展させる戦略・計画などはなく、国内の多数派の〝現在の社会の主力分野〟や地元などの人々に有利な、出たとこ勝負の〝国政の利権を配分する**利益誘導**〟により、**選挙の多数派工作の集票のための政治を日々継続**します。この日本特有の政治に伴う選挙では、**国政の利権を配**

分できる政権与党が、配分できない野党と比較して**圧倒的に有利**で、政権与党が選挙で勝ち続け、〝**政権交代がない実質的な独裁政治**〟が継続します。

また、視点変えますと、欧米先進国では、**第2章③(2)**のように、国民の半数程度は、「理想」に向けた進化を生み出す、「論理的思考」を行うことから、政治政党の中には、必ず「理想」の実現を目指す政策を掲げる政党があります。そのため、日本のように私利私欲の政治で国家が停滞すれば、政権与党は国民の支持を失い、**「理想」を目指す政党に政権が交代します**。ところが、日本国民は、上記の私利私欲で投票を行いますので、日本では、「理想」を掲げた政党は選挙で勝つことができないため、与野党とも、支持者への利益誘導の政策を掲げて選挙を**戦います**。この選挙では、上記のように、利権を配分できない野党が与党に勝つのは不可能で、**日本では政権交代はほとんど発生しません**。

なお、**この日本の現在の多数派の主力分野を優遇する政治では、第4章③(3)**と対照的に、**現在は少数派の将来の進化と発展の芽が、育成されることはなく、日本の進化と発展は望めず現状維持が継続され、ガラパゴス化します。**

⑶ 〝「論理的思考」を実行できず理想を持たない国民の国家〟は自滅

このように、日本は、**日本人の常識とは正反対に、**権力者、政治家、国民は、基本的に〝世界に通用する「理想」〟を持たず、私利私欲に走る特徴があり、各自が利権を追求します。そして、**日本中が、各自の目の前の利益の争奪戦に血道を上げるために、中長期的な日本全体の発展はないがしろにされ、**皮肉なことに利益を得るどころか、**日本は停滞して各人は継続的な貧困に突き進み、日本も自滅**します。事実、〝「論理的思考」を実行できず理想を持たない国民の国家〟の日本は、徳川幕府、大日本帝国、現代日本の3つの時代に、「日本型の発展・自滅」を繰り返し発生させて、国家存亡の危機に陥りました。

ところが、日本人が、欧米先進国のように、将来の発展した**「理想」**の**「日本が目指す姿」**を共有し、まず、国民の多くが協力して日本を着実に発展させる。次に、その成果を、貢献を加味して、国民に適正に分配する政治に改革すれば、急がば回れで、日本は継続的に発展し国民の生活も向上を継続します。

結論として、**「伝統の統治法」を守り続け、**〝「論理的思考」を実行できず理想を持たない国民の国家〟の**日本は、いずれ自滅に至ります。**

⑷ 実質的な独裁政治（与党の政権の継続）を実現する愚民政策と「独裁化制度」

現在の日本の政治では、**上記⑴～⑶**の与党の政権が実質的な独裁政治を継続しますが、その独裁を確実に継続するために、徳川幕府や大日本帝国と同様に次の、**第2章②⑵**の「**伝統の統治法**」**に特徴的な、**㈠愚民政策と㈡「独裁化制度」の2つが実行されています。まず、**愚民政策**では、国民が権力者や政治に疑問を持たないようにする、**上記③⑵の知識詰め込み教育**が行われています。

また、「**独裁化制度**」では、与党に都合が良い活動を行う官僚を、幹部に取り立て、また、その業務で問題が表面化した場合は救済し、さらに、与党に不都合な官僚を左遷するなどの、**飴と鞭の人事を行う内閣人事局**の制度。「理想」で判断するのではなく、**上司への絶対服従が重要な終身雇用制度。上記**⑵の与党国会議員の選挙区だけへの道路や橋の建設などの、**与党の集票のための政策。**あらゆる政策に関して、例えば、**第1章①**の1990年代以降の日本の政策、特に**下記⑤～⑥**のアベノミクスは、明らかに大失敗であるにもかかわらず、政府は無謬で**政治はすべて成功と国民をだます。政府の組織的な情報の歪曲。**それと並行して、政府に不都合な情報を実質的に報道させない、**政府による実質的な報道への干渉**

などです。例えば、２０２２年の国境なき記者団による、世界１８０か国の報道の自由度ランキングでは、日本は、Ｇ７の中では最下位の71位で、ドイツは16位、ロシアは１５５位、また、韓国は43位です。このように、日本には報道の自由があるとの、日本人の常識に反して、**日本は先進国7カ国の中では、報道の自由が最も厳しく制限**されています。

日本の首相が自らに有利な時期に、自由に衆議院を解散して選挙を行う、「伝家の宝刀」の**解散権**も「**独裁化制度**」の1つと判断されます。その理由は、日本国憲法には、第69条で、「内閣は、衆議院で不信任案を可決し、又は信任の決議案を否決したときは、十日以内に衆議院が解散されない限り、総辞職をしなければならない」。また、第7条で、「天皇は、内閣の助言と承認により、国民のために、左の国事に関する行為を行う。・・・三衆議院を解散すること。・・・」と記載されています。ただし、**日本国憲法は、国会の監視により権力者の暴走を阻止する、三権分立の民主主義に基づいており**、これらの条文を、権力者の首相が、権力者を監視する国会を解散させる、**封建的な常識に沿う「伝家の宝刀」の解散権**を有すると、解釈するには無理があります。ところが、政府は、第7条の三を根拠に、首相が、主権者の国民が選挙で選んだ衆議院を、何の制限もなく自由に解散できると解釈しています。そして、首相が、**下記⑥**の失政を闇に葬るなどのために、解散権で国会審議を操り、有利な時期に衆議院を解散させるなどの、〝法律ではなく多数決の暴力で定着させた**慣例・慣習**〟も駆使します。

このように、現在の日本では、各種の「独裁化制度」により、自民党の実質的な独裁政治が確実に継続されます。

(5) 「日本流民主主義」は「伝統の統治法」の実質的な独裁政治

結論として、現在の日本の**「日本流民主主義」**は、**第４章③**の欧米先進国の「本来の民主主義」とは異なる、**第２章②(2)**の２つの(一)**愚民政策**と(二)**「独裁化制度」**の特徴を持つ、**島国の日本の「伝統の統治法」**の、実質的な独裁政治であることは明白です。実際、**日本では、**与党の議員の、**日本国憲法に違反した、**「野党の話を政府は聞かない」、「(政府の意向に沿わない者を：筆者注）徹底的に干す」、「売られた喧嘩、受けて立つ」などの発言に代表される、**江戸時代の悪代官のような、「伝統の統治法」の政治が横行**しています。

ところが、**愚民政策のため思考能力がなく理想を持たない国民は、権力者の思**

惑通りに、政治の是正より利益誘導が重要で、自民党への支持率は群を抜いて高く、政権は交代しません。このように「日本流民主主義」では、**「国民による政府の監視」が機能せず、失政が連続しても政治の是正の政権交代が行われないことから、〝政権交代がない実質的な独裁政治〟が継続**します。すなわち、現代日本の政治は、日本人の常識と異なり、「本来の民主主義」ではありません。

次に、現在の日本では、自民党の権力の維持に集中した「日本流民主主義」による失政が、大日本帝国や**上記①②**のロシアのように、政治の是正が行われずに継続される実態を、アベノミクスの政治に関して分析します。

⑤　アベノミクスの時期の日本の状況の国際比較

日本では、政府の自画自賛の情報の歪曲の発表もあり、アベノミクスは成功とされますが、**図1－1～2**に示した、海外諸国を含む国際標準による評価では、日本は諸外国と比較して低迷を継続していることは明白です。たとえば、**図1－2の日本のGDP**は、アベノミクスの前年の**2012年**に、約**6・27兆ドル**の史

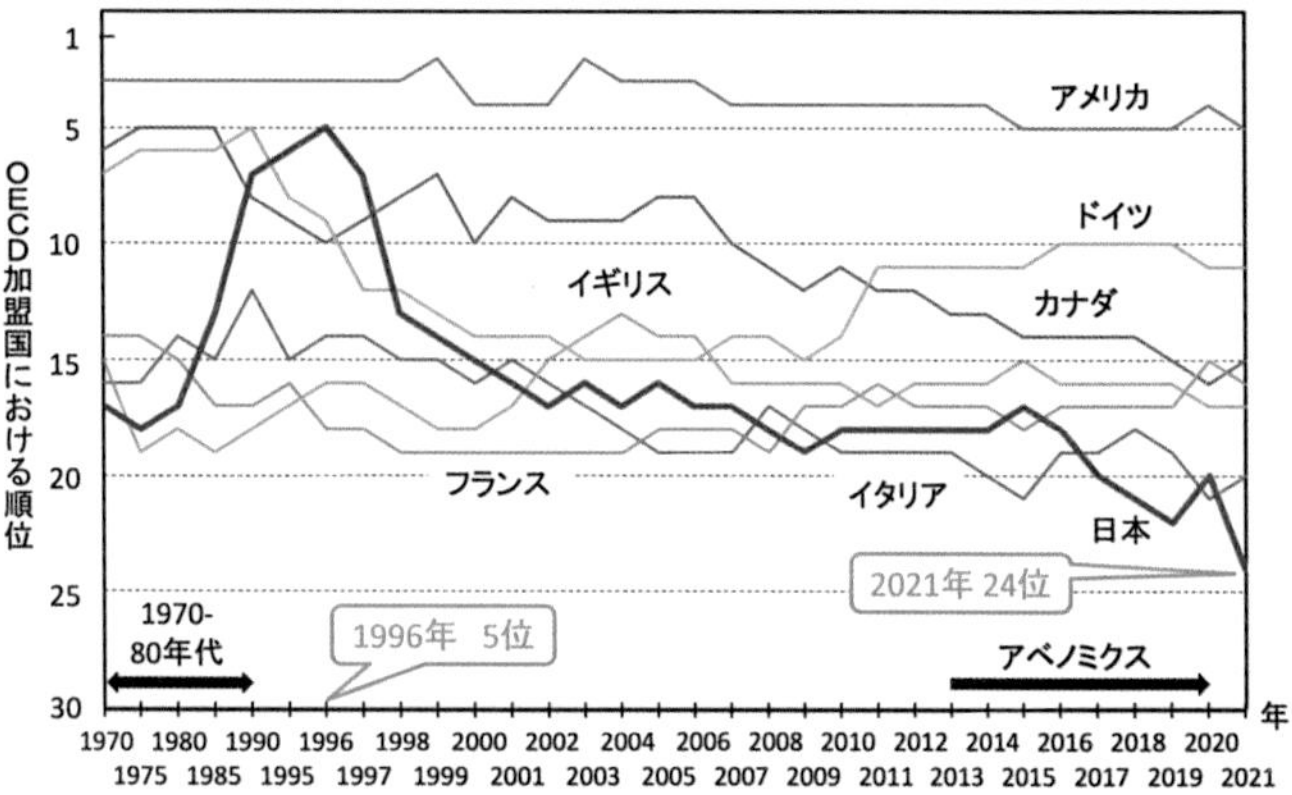

（注）労働生産性の国際比較 2022（日本生産性本部）のデータに基づき作成

図 6－1　国民１人当たりのＧＤＰの先進７カ国の推移

上最高を記録しましたが、**アベノミクス以降**は、それから**約20％減少して、２０２１年は約４・93兆ドルに低下**しています。この日本の低迷に関して、さらに掘り下げます。

図６－１は、ＯＥＣＤ加盟38か国の中での、**国民１人当たりのＧＤＰの先進７カ国の順位**の推移を示したものです。日本の順位は、１９９６年には最高で、ＯＥＣＤの中では5位、Ｇ７の中では２位でしたが、「日本の停滞」に伴い下落を継続し、特に、**アベノミクス以降の下落は顕著で、２０２１**

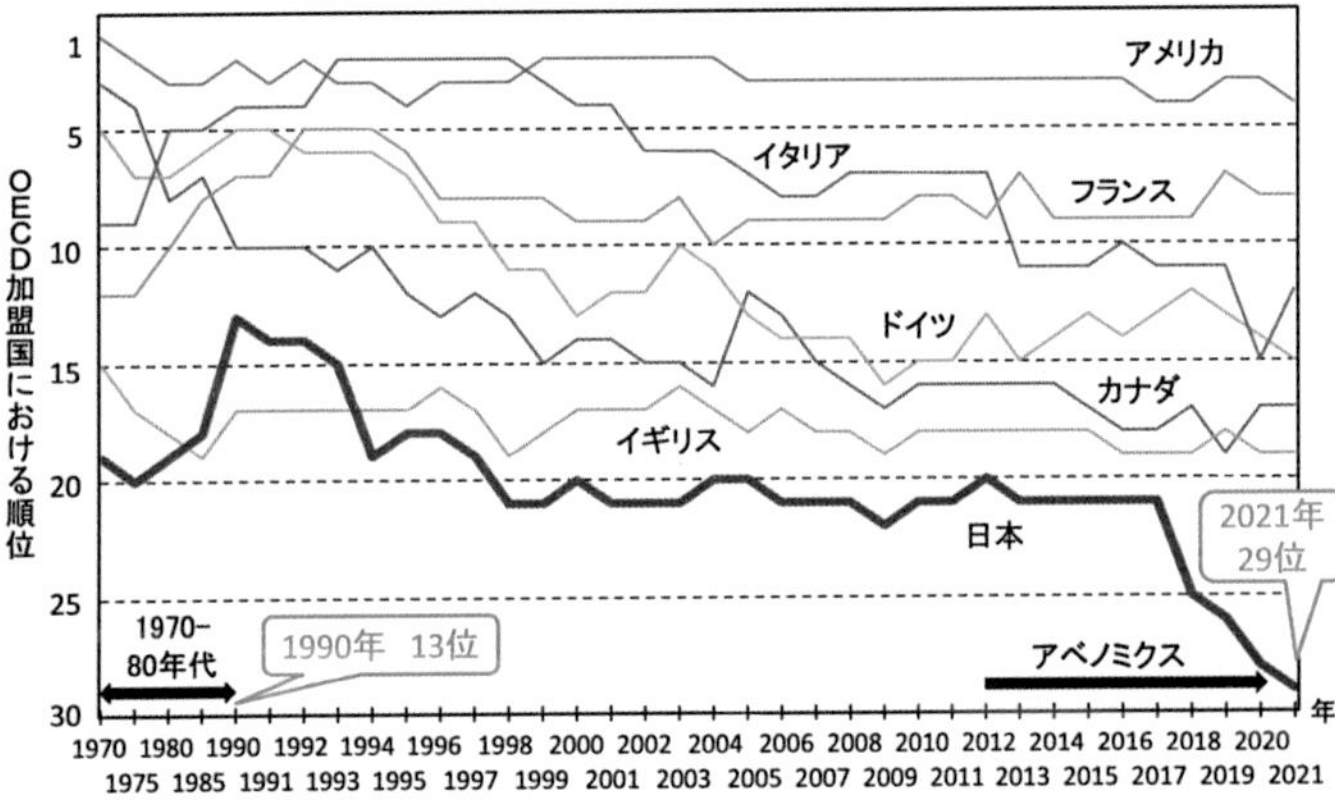

(注)労働生産性の国際比較2022(日本生産性本部)のデータに基づき作成

図 6－2　勤労者1人当たりの労働生産性のG7の推移

年には24位に落ち込み、G7の中では最下位です。同年の日本の1人当たりのGDPの実際の数値は、OECD平均の約89%、アメリカの約62%、ドイツの約75%、図にはない韓国の約92%です。

なお、韓国の順位は日本より6位上の18位です。日本人には、日本はアジアで最も上位の国との常識が定着していますが、国民の豊かさでは韓国に抜かれています。

図6-2は、OECD加盟国の中での、**勤労者1人当たりの労働生産性の先進7か国の順位**の推移です。日本の労働生産性は、

1990年には最高で、OECDの中では13位、G7の中では6位でした。その後、順位は下がり続け、94年以降はG7では最下位、OECDでは20位程度を継続し、**アベノミクス以降は一層下落して、2021年には、OECDでは下から10番目の29位**に落ちぶれました。同年の日本の労働生産性の実際の数値は、OECDの平均の約76％、アメリカの約53％、ドイツの約70％、韓国の約91％です。

なお、韓国の順位は日本より5位上の24位です。

図1−1〜2、図6−1〜2を総合しますと、**1990−5年頃を境に、日本は発展から停滞に移行**したこと。日本のGDPの順位が1人当たりのGDPより高い事実から、**日本の人口が多いことがGDPが世界3位の理由**であること。日本の1人当たりのGDPの順位が労働生産性の順位より高い事実から、**日本人は長時間労働**であること。**国民の豊さを示す1人当たりのGDPでは、日本は、OECDの平均以下、韓国より下位で、今や先進国とは言えない**こと。**日本の勤**労者の労働生産性は、OECDの平均の約3／4で、OECDでは下から10番目、アメリカの約1／2、韓国より下位であり、**勤労の効率や質が後進国と言わざるを得ない**ほど悪いことなどの、問題が明らかです。

産業立国での世界との競争は、血を流して決着する戦争と異なり、勝敗は曖昧ですが、これらの状況は、**日本は世界の国々との競争で連敗を継続し、先進国とは言えない国々にも次々と追い抜かれる、危機的な状況**と判断されます。

⑥ **「日本の停滞」が悪化したアベノミクスの時期の政治**

「日本の停滞」が悪化したアベノミクスの政治を、**第3章②～④**の大日本帝国と比較します。日本は、1990年代から「日本の停滞」に陥り、アベノミクス以降は、停滞は一段と悪化しました。ところが、政府は、「精神的鎖国」の状態で、国際標準の**前項⑤**などの国際比較に一切言及せずに、アベノミクスは成功であるとの発表を繰り返しました。また、各野党、各種の放送、新聞、ジャーナリストなどからも、上記の公平で日本に厳しい分析が発表されるのはまれで、結局、アベノミクスは成功との自画自賛の政府の評価が日本に定着しました。

この状況は、**日本では「本来の民主主義」が機能していない明確な証拠です。**

なぜなら、上記の本書の分析は、誰でも入手可能な公正な国際機関などの、公開情報に基づいていますが、ほとんど発表されないからです。その原因としては、政府は意図的に失政の情報を隠蔽し、さらに、上記④⑷の日本の報道の自由度ランキングのように、政府に不利な失政の情報の報道を実質的に禁止する、飴と鞭の情報統制を行うなどの、強力な情報の歪曲を実行していると判断せざるを得ません。例えば、日本の発展を本当に望むのであれば、政府や各報道機関が、上記の日本人は韓国人より貧しい事実を一斉に発表すれば、日本社会には衝撃が走り、自民党の国会での議席は減少するでしょうが、国民の間には日本の改革に向けた機運が高まるはずです。このように、**現代日本の政府は、国民をだましており、第3章3②の大日本帝国の政治と同じ**です。

次に、着目するのは、国民をだまして自由に政治を実行した、アベノミクスの時期の政治の進め方です。その7年8か月の安倍長期政権の政治の最大の特徴は、その期間に「アベノミクス」、「3本の矢」、「女性活躍」、「1億総活躍社会」、「新3本の矢」、「働き方改革」、「人づくり革命」、「非正規という言葉を日本から一掃する」などの〝新しい華々しいスローガン（目標）〟が連発されたことです。これらの日本が過去に実現できなかった、多くの目標を確実に達成するには、過去の失敗の原因の解明を行った上で、太平洋戦争のアメリカ軍の**図3－2**のように、それぞれの「目的」・「戦略」・「実行」などの「細部」を、周到に策定して着実に実行する、**事前解決型で運営しない限り成功を望めません。**

ところが、これらのスローガンのどれ1つにも、それらの「目的」から「実行」の計画などの「細部」は、なかったと判断されます。なぜなら、それらの「細部」が一度も公開されなかったこと、それらのスローガンはどれも実現できなかったにもかかわらず、戦略や計画の問題点などは一切公表されていないことなどからです。また、もし、真摯に戦略や計画を策定して7年以上も推進すれば、必ず自慢できる成果があり、反省点もあるはずです。ところが、それらが全くないという事実から、**これらのスローガンは、第3章②⑶**の大日本帝国と同じ口から出まかせで、**初めから目標を実現する戦略・計画などがなかったと、判断せざるを得ません。**また、これらの事実は、日本人には、**第3章③⑶**の諸外国と比較して大きな「知力の差異」があり、将来予測、「戦略」、計画などを、論理的な一貫性を確保して策定できない、大問題があることを示しています。

この状況から、**多くのスローガンを華々しく打ち出した理由は、上記④⑷**の首相の解散権の慣例による2回を含む、**安倍政権の5回の国政選挙での、自民党への集票のため**と判断されます。なぜなら、日本の国政選挙では、与党の自民党は**上記④⑵**の利益誘導により勝利します。そして、自民党は、選挙に勝てば、それまでの政治は国民から支持されたとして、選挙以前の過去の問題の議論には応じない伝統の慣例を遵守します。すなわち、自民党は、〝**選挙を悪用して過去の失政を闇に葬る**〟ために、各選挙では、**第3章②⑶**の太平洋戦争での大本営発表と同じように、**過去にない華々しいスローガンを掲げて、「やってる感」を演出して国民をだまし、**過去の失政を隠蔽しました。そして、**今回の選挙に勝って、前回から今回の選挙の間の数々の失政を闇に葬り、政権を再出発させることを繰り返して、実質的な独裁政治を延々と継続**します。

このように、アベノミクスの時代の政治には、**「日本の停滞」を克服して国民の幸福を実現する意図はなく、第3章②⑴と④**の太平洋戦争と同じように、**自民党の政治の権力と利権を維持する、「私的な目標」に集中した政治**でした。

⑦　現代日本の「日本流民主主義」は大日本帝国の政治と同じ

本書の分析を総合しますと、大日本帝国と現代日本の、2つの時代に発生した「日本型の発展・自滅」は、現象の面で**第5章②**のように瓜二つであること。2つの時代の政治は、**第3章①⑴**と**上記④**のように「伝統の統治法」であること。2つの時代の政治の実行の状況は、**第3章②〜④**と**上記⑤〜⑥**や後述の**第8章②⑵**のように、極めて類似しています。また、2つの時代の実務では、まず、大日本帝国は、欧米が、太平洋戦争を機甲部隊などで戦う頭脳的戦法に進化した中で、例外的に、伝統の肉体的戦法で戦う銃剣突撃を継続しました。また、現代日本は、ウィンドウズ95が発売された1995年以降には、世界中が、コンピュータによる自動化を含むデジタル化により、あらゆる人の活動の競争を戦う時代に移行した中で、例外的に、伝統の慣習的業務の人手の業務を継続しました。すなわち、2つの時代の日本は、両者とも「伝統の統治法」に沿って、徒弟制度に類似した方法で上長などから忠実に引き継いだ、伝統の実務の業務方法を守り続けて、世界の進化に置き去りにされたことも大きな原因で、それぞれの競争で苦境に陥りました。

日本人の常識では、民主主義でない大日本帝国は軍事立国を目指し、現代日本は民主主義で産業立国を目指しているとされています。ところが、上記のように、その**現代日本の活動を主導する政治は、「本来の民主主義」ではなく、どの面から見ても、大日本帝国の「伝統の統治法」と同じ、実質的な独裁政治の「日本流民主主義」**であると断定されます。

それに加えて、**現代日本は、第5章②⑻の大日本帝国と瓜2つの、「日本型の発展・自滅」の「日本の停滞」を発生させています。**従いまして、今後も、**第2章③⑶の私利私欲の権力者の自民党のために、太平洋戦争での敗戦の轍を踏んで、現状維持のガラパゴス化を際限なく継続して、自滅に至る**ことは確実です。

この日本を自滅させる「日本の停滞」を克服して、日本人の将来の幸福を実現するために、その停滞の根本原因の「伝統の統治法」を根絶する原因療法により、日本を再生させる『日本再生への改革』の骨子を、次の**第7~8章**で論述します。

第7章　『日本再生への改革』の考え方

本章では、現在の日本が「日本の停滞」を継続し、自滅に突き進む危機を克服する、『日本再生への改革』の考え方に関して要約します。この改革は、日本を、〝世界と伍して進化を継続する国家〟に生まれ変わらせる意義があることから、最初に、日本を含む世界の進化の歴史の特徴を整理します。

① 成熟した国家は「人類の目的」の実現を目指して進化を継続
― 日本は「人類の目的」を目指した歴史がない未成熟な国家

中世以前には誰も考えませんでしたが、世界全体の観点からの、〝人類が実現を目指すべき目的（**「人類の目的」**）〟は、『**全ての人々の幸福や持続可能性などを含む**〝**世界に通用する「理想」**〟**が達成された世界の実現**』です。

(1) 欧米先進国は「本来の民主主義」を構築して「人類の目的」の達成を目指す

欧米人は、紀元前から、進化の実現が可能な「論理的思考」の高度化を継続して、「理想」を目指すようになり、特に、**欧米先進国**は、「人類の目的」の達成に最適な政治の、**第4章③**の「**本来の民主主義**」を構築しました。それは、彼らが、

民衆の可能性を信じて構築した、『国家が〝世界に通用する「理想」〟の実現に向け国民の総力を結集し進化を続ける政治』です。この政治では、国民は、「論理的思考」により、それぞれの立場で「理想」に向けた進化を生み出すとともに、「理想」の憲法を基準に「国民による政府の監視」を行い、政治を適正に保ちます。その結果、欧米先進国は、**〝今後とも「人類の目的」の実現に向け、国民の総力が結集されて進化する成熟した国家〟**に到達しています。

もちろん現実には、「人類の目的」を目指す国は世界のごく一部で、ほぼ全ての後進国を含む、多くの国は、その目的は眼中にない強権政治を実行しています。ところが、利己的な強権政治の国が、世界で勢力を拡大すれば、国民の弾圧や国家間の戦争などの悲劇が拡大することから、**各国は、国民の英知を結集して、「人類の目的」の実現を目指す国家を増やす努力を継続すべき**です。

(2) 日本は「人類の目的」を目指した歴史がない未成熟な国家

― 日本には「人類の目的」を目指す政府を構築した〝真の英雄〟はいない

― 「伝統の統治法」を守ることが本末転倒で日本を自滅に追い込む

理想を持たない日本人の歴史には、私利私欲の権力者の強権政治のみが継続し、

日本は、古来、〝本来あるべき「人類の目的」の実現を目指した政府がない、**未成熟な国家**〟と言わざるを得ません。そして、日本の歴史には、「人類の目的」の実現を目指した、**〝真の英雄〟**の政府は存在せず、私利私欲から日本を制圧して権力者になった、家康、秀吉などの**〝偽の英雄〟**しかいません。

この島国の日本の権力者が国内の完全制圧のために構築したのが、**第2章②⑵**の㈠**愚民政策と**㈡**「独裁化制度」**を備えた、**「日本流民主主義」**を含む**「伝統の統治法」**です。それにより、**『権力者は、思考能力がなく政治に異を唱えない国民に、「独裁化制度」により自らへの絶対服従を強制して、私利私欲の独裁政治を継続』**します。この政治の最大の問題は、国民に思考能力を持たせないことです。そのため、「伝統の統治法」では、国民が政治の問題に気付いて、政治の是正を行う市民革命などを起こすことはなく、私利私欲の権力者は、自らに有利な政治を変える必要がないため、昔ながらの「伝統の統治法」が継続します。このように、**「伝統の統治法」は、現代の時代の政治としては不適切な、私利私欲の権力者の欲望を実現する独裁政治で、日本は未成熟な国家に留まり続けます。**

他方、**前項**⑴の「欧米型統治」の「本来の民主主義」の、成熟した国家の欧米先進国は、国民の総力を結集して国家の進化を継続しますので、「伝統の統治法」の日本の進化は、欧米に及ばない致命的欠陥があることは明らかです。

それに加えて、思考が生み出す知識が人の活動の成果を左右する、**情報化・知識経済の社会**に、世界が移行した現在では、「伝統の統治法」の、進化の実現が不可能な思考方法には、日本の発展を実現できない致命的欠陥があります。

従いまして、**日本が守るべき宝とされる「伝統の統治法」を守ることは本末転倒で、**これらの2つの致命的欠陥が、**日本を自滅に追い込みます。**

②　『日本再生への改革』には〝「欧米型統治」への移行〟が必須

日本が、「日本の停滞」を克服し、「人類の目的」を目指して進化する国家に生まれ変わるための、『日本再生への改革』の成功の必須条件を論述します。

(1)　『日本再生への改革』の成功には〝「欧米型統治」への移行〟が必須条件

今後、人類が存続する限り継続する情報化・知識経済の社会の時代に、**日本が**「人類の目的」を目指す、**成熟した国家に進化するための鍵は、国民が優れた知**

識を創造することです。その知識の最大限の創造には、国民が進化の実現が可能な、「論理的思考」で考える以外の方法はなく、**『日本再生への改革』の成功には、日本人に「論理的思考」を教育することが必須条件**です。ただし、「論理的思考」の教育を行う際には、同時に、**国民に第４章②の「理想」を徹底して、「論理的思考」の暴走を防止することも必須条件**です。

　このように、**「論理的思考」と「理想」を身に付けた日本人は、はじめに－②⑶や第３章③⑵**の、日本伝統の事後対応型の「日本型組織運営」より、「論理的思考」に基づく事前解決型の「合理的組織運営」の方が、各段に優れていることに気付きます。そして、**日本の組織の運営は、「合理的組織運営」に移行**します。また、その日本人は、政府が従来通りに日本を停滞させれば、「やってる感」を演出しても**政治の問題に気付いて、政治の是正を行います。**すなわち、**日本は、必然的に「国民による政府の監視」が機能する、「本来の民主主義」に移行して、**成熟した国家に進化するとともに、その国民の監視により、私利私欲の権力者の独裁政治がもたらす、**「日本型の発展・自滅」の再発は阻止**されます。

　このように、国家が目指すべき「人類の目的」の実現に最適な統治法としては、

㈠「論理的思考」、㈡「合理的組織運営」、㈢「本来の民主主義」で構成される、「欧米型統治」が最適です。その理由は、「欧米型統治」は、「理想」を目指す欧米人が、〝**「理想」**(「人類の目的」)を最適に実現する、無色透明な統治法〟を追い求めて、数百年の改良を重ねた成果であり、多くの国の国家の統治法として使用され、それらの国の進化を実現しているからです。

従いまして、長年継続する「日本の停滞」を克服して、日本を世界と伍して進化と発展を継続する国家に生まれ変わらせる、**『日本再生への改革』の成功には〝「欧米型統治」への移行〟が必須条件**になります。

(2) 日本の状況(「中身」)が「日本が目指す姿」(「目的」)に向けて進化を継続

— 活動の「目的」と「中身」の進化が重要。「方法」は最善のものを使用

日本が「伝統の統治法」から「欧米型統治」に移行することに、懸念を持たれる方のために、それは杞憂であることを**本項**(2)〜(3)で論述します。**組織は、**変わることがない〝組織全体が目指す「理想」の**「目的」**〟の実現に向けて、〝組織の状況(**「中身」**)〟を進化させる活動を続けます。その際の〝活動のやり方(**「方法」**)〟は、最も効果的に「中身」の進化の実現が可能な、世界で最も優れた無

色透明な「方法」を用いるべきです。すなわち、組織の本質で守るべきものは、「目的」と「中身」であって、「方法」ではありません。

この観点から、『日本再生への改革』では、まず、**日本は、『〝世界に通用する「理想」〟に沿う「日本が目指す姿」（「目的」）』を自ら決定**します。次に、「目的」を最も効果的に実現するために、**第8章②⑶〜⑹**の分析のように、「伝統の統治法」から、**〝世界で一番優れた無色透明な「方法」の「欧米型統治」〟に移行し、国家の「中身」を進化**させます。この手法により、国家の本質の「目的」と「中身」に悪影響を与えることなく、**日本が目指す「目的」の「日本が目指す姿」を、最適に実現する良い効果だけが得られます。**なお、この手法は、日本が自然科学の実務で「論理的思考」に移行して成功した手法と同じです。

⑶ **〝進化の実現が可能な「論理的思考」〟の概要**

『日本再生への改革』の成功の鍵の、**図０－１**の「論理的思考」を要約します。**「論理的思考」は、**確立した思考方法がない「日本人の考え方」と対照的に、日本以外の先進国では標準の、**難しくはなく誰にでも教育できる、〝体系化された単純な思考方法〟**です。**「論理的思考」の規則１**は、自動車（「全体」）を外から眺めても、正確に理解できないのに対して、分解すれば「細部」まで正確に理解できるように、〝考える対象（「全体」）〟を「細部」に分解して考えること。規則2は、あらゆるもの（「全体」）の内部の要素や構造は、自然科学のように「細部」まで〝論理的に整合する論理的な一貫性〟があり、矛盾があってはならないこと。規則3は、論理的な一貫性を判断する基準に、人により変わる主観とは対極にある、自然科学の自然法則、社会科学の憲法などの「理想」、それらに基づく理論や法律などで決定される、いわば『「理想」の範囲』を示す、〝変わることがない「絶対的判断基準」〟を用いることです。

これらの規則に伴い、「論理的思考」では、まず、考える対象（「全体」）を「細部」に分割する細分化を、各「細部」が「絶対的判断基準」の『「理想」の範囲』の中にあることが、確認できるまで繰り返します。次に、この全ての〝論理的な一貫性が確認された「細部」〟により、「全体」を構築する組み合わせ方の全てが、「絶対的判断基準」の『「理想」の範囲』の中にあることが確認できれば、対象（「全体」）は、論理的な一貫性があることが確認されます。

「論理的思考」に基づく判断の重要な特徴1は、「細部」や「全体」に関する情報が同じ場合、**個人の主観に左右されない「絶対的判断基準」**で、**誰が判断しても同じ結論に至る**ことです。**特徴2**は、「全体」の中の全ての「細部」の内容や組み合わせ方を、「絶対的判断基準」の、『「理想」の範囲』の中にある条件を守りながら調整すれば、それらの〝『「理想」の範囲』の限界〟**までは、論理的な一貫性を維持しながら、「全体」の進化などの変化を実現できる**ことです。

この2つの特徴から、誰にでも、**「論理的思考」**に基づき、「細部」に特徴2の調整を加えることにより、「全体」の変化の**将来予測**が可能になります。また、それは、**進化の実現**が可能、**理想の実現**が可能、さらに、この経路を逆にたどれば、複雑な問題の**原因の解明**が可能であることなどを意味します。

このように、「論理的思考」では、物事の「全体」の森と、その「細部」の木の両方の**「木も森も見る」**、緻密な判断を行うことにより、**図0－1**や**第4章①**などの、「日本人の考え方」では実現不可能な数々の長所を生み出します。

⑷『日本再生への改革』と同じ改革の成功例

『日本再生への改革』により、日本の組織が「欧米型統治」の「方法」の、「論理的思考」に基づく、**第8章②⑴**の無色透明な事前解決型の**「合理的組織運営」**

に移行しても、次の**前著4の3つの成功例のように悪影響はありません。**その第1のトヨタは、「日本型組織運営」ではなく、**次項(5)**の「合理的組織運営」に近い「方法」で経営していることが、日本企業では別次元の高業績の理由です。また、第2の日産自動車は、倒産状態からカルロス・ゴーンの改革で一流企業に復活しましたが、その理由は、ゴーンが、日産の伝統の事後対応型の「日本型組織運営」の経営の多くを、「合理的組織運営」に移行させたからでした。第3の男子日本ラグビーチームは、ラグビーワールドカップ（RWC）で、「日本の停滞」と同じように過去20年間、1勝21敗2引き分けで世界に勝てませんでしたが、2015年のRWCでは、3勝1敗の成績を上げ大きく躍進しました。その理由は、オーストラリア人のジョーンズ監督が、「日本型組織運営」であった男子ラグビーチームの運営を、次回RWCでの勝利を「目的」に設定して、戦略・計画に基づく事前解決型の「合理的組織運営」に変えたことでした。

これらの組織の人々は、「論理的思考」の「方法」で活動しても、**普通の日本人と変わりません。**ただし、**彼らは大きな努力を行って、次の㈠〜㈢の進化を達成**しました。**㈠「論理的思考」をOJTで学習**する、**㈡事前解決型の「方法」**

の「合理的組織運営」に移行し、組織の「目的」の実現を目指して、組織の現状（「中身」）を、やり直しなどがなく最も効果的に「目的」に近づけるように、**戦略・計画などを策定し、全員で共有**する。㈢全員が、その戦略・計画などを厳守し、**「論理的思考」に基づく事前解決型の「合理的組織運営」により、**常に状況変化の正確な情報を監視して、「目的」の実現に問題があれば是正し、**組織の総力を結集して最適に進化を実現する運営**を行いました。

他方、普通の日本の組織では、**第6章⑤～⑥**のアベノミクスのように、「目的」が不明確、戦略・計画がない、情報の歪曲のため情報が不正確な中で、各人は、「伝統の統治法」の先輩から引き継いだ、昔ながらの「方法」を守って活動します。その結果、伝統を守り続けて進化がなく、最適な運営でないため、トヨタなどのような、組織の進化や高い業績を実現することは望めません。

(5)『日本再生への改革』は事前解決型の「合理的組織運営」で実行
―「楽するための努力」、「楽して大きな価値創造」、「無理なく実現」

これらの改革事例の極めて重要な成功の鍵を論述します。「伝統の統治法」の日本では、絶対服従の国民は受け身で利益誘導を期待し、**〝何もしない現状維**

持〟で、政府の政策により得することを期待します。ところが、国の活動の成果は、個々の国民が〝創り出す価値**（価値創造）**〟の総和であり、**個々の国民が、何もしないのではなく、自らの活動を進化させなければ、成果が拡大することはありません。**その中で、出たとこ勝負で利益誘導の政策を行う政府は、国民の活動を進化させることなく、賃上げや国債発行などにより、景気拡大と国家の発展を目指しますが、その政策は持続可能ではなく無理があり成功しません。

他方、**前項⑷**の**トヨタ**の、日本企業では例外的な高業績の理由は、社員の長時間労働や不公正な活動などではなく、**経営者を含む全社員の活動の質が他社より高い**からです。すなわち、トヨタでは、〝刻苦勉励などの無理をすることなく、いわば、**「楽して大きな価値創造」**〟を実現して、高い業績を上げています。このトヨタは、終戦後の中小企業の頃から、「論理的思考」に基づく「合理的組織運営」に近い運営・経営の「方法」を、長年進化させており、この運営の「方法」がトヨタの高い業績を実現しました。その実現のために、**トヨタの経営者は、**まず、**〝将来実現する「理想」のトヨタの姿（「目的」）〟**、戦略などの、図８-２の**「全体構想」を描いた**はずです。そして、**その「目的」に向けて全社員に努力し**

てもらい、50年程度の間、上記の「楽して大きな価値創造」を実現するために、〝頭を使う前項⑷㈠～㈢の運営の「方法」〟を確立する改革を継続しました。このように、トヨタでは、全社員が、何もしないのではなく、いわば、「楽するための努力」を継続して、自らの仕事の「中身」や「方法」を進化させ、トヨタの業績の拡大を継続して、それに見合う給与の増額を実現しました。なお、その給与の増額は、事業の発展に伴うものであって、全てが、〝健全な経営を継続しながら、持続可能で「無理なく実現」〟されていることに注意が必要です。

このトヨタの改革には、今後、日本が実行する、『日本再生への改革』に役立つ極めて重要な教訓を含んでいます。それらは、改革を主導する日本政府は、第1に、後述の図8－2の改革により、長期的に実現する日本の姿（「目的」）、「戦略」などの「全体構想」を策定すること。なお、その改革後の日本は、諸外国以上に進化して、国民が「楽して大きな価値創造」を実現する国家であること。第2に、「全体構想」の実現に向けて、全国民は、従来の受け身で何もしないのではなく、その将来の日本で「楽するための努力」を継続すること。第3に、政府は、日本の価値創造を大きく発展させることを継続して、国民の努力に報いる生

活の改善を、「無理なく実現」すること。第4に、これらの第1～3の全項目を確実に実行し成功させるには、「伝統の統治法」の出たとこ勝負の運営では不可能で、**日本政府は、事前解決型の「論理的思考」に基づく、「合理的組織運営」を徹底**する以外に方法はないことです。

③『日本再生への改革』の歴史上の位置づけ

本書の論述を総合し、『日本再生への改革』の歴史上の位置づけを示します。

(1)『日本再生への改革』は、明治維新が見落とした「日本の近代化の総仕上げ」

「日本の停滞」の原因のもとを正せば、**第2章④**のように、日本は、明治維新の際に、世界で最も進化した米英仏の、「論理的思考」に基づく国家の統治法の「欧米型統治」**に移行するのではなく、**江戸時代の「伝統の統治法」を引き継いだことでした。その「伝統の統治法」が現在まで引き継がれたことが原因で、その後の日本は、**上記①⑵**の未成熟な国家に留まり、太平洋戦争の敗戦と現在の「日本の停滞」の、2回の国家存亡の危機を発生させました。

従いまして、『日本再生への改革』は、明治維新が見落とした「日本の近代化の総仕上げ」を行って、日本を「欧米型統治」に移行させ、「人類の目的」を目指して進化を継続する、成熟した国家に脱皮させる位置づけにあります。

(2)『日本再生への改革』の最大の目的：独立国家としての日本の存続

極めて困難で長期の**第8章①～⑥**の、『日本再生への改革』の最大の目的を論述します。すでに30年続く「日本の停滞」は、政府・自民党の私利私欲の権力者の、実質的な独裁政治のために、**第2章③(3)**のように今後も際限なく継続します。そして、間もなく日本は、老人主体の貧困で弱体な後進国に落ちぶれ、独立の維持が困難な国家存亡の危機に陥ることは確実です。その日本の危機が、過去の徳川幕府と大日本帝国の末期の2回の危機と、決定的に異なる点は、軍事力と経済力が日本より格段に強力になった、世界で最も危険な覇権主義の中国が、日本の属国化を意図しており、日本の独立国家としての存続が危うくなることとです。

このような日本の危機の際に、日本にとって最悪の問題は、日本の独裁政治を取り仕切る、理想を持たない私利私欲の権力者たちの行動です。日本の歴史では、権力者は国民の幸福などは眼中になく、自らの権力と利権の確保だけに集中しました。そのため、**第3章④⑷**のように、**日本の独立が危機に陥ると、権力者は、日本国民を救うことや、彼らが過去に主張していた信条などは眼中になく、次の時代の日本で、権力と利権を確保することに集中して行動**しました。

実際、大日本帝国の権力者は、権力・利権の維持のために、アメリカが日本を滅ぼすのを防ぎ祖国を守ると、国民をだまして太平洋戦争を引き起こし、310万人の国民の戦死者と日本全土の荒廃を発生させました。その彼らは、**第5章①⑴**のように、戦後にはアメリカ支持に宗旨替えして、現代日本の権力者に横滑りしました。そして、戦前と類似の「伝統の統治法」の強権政治を定着させて、権力・利権を貪り、太平洋戦争での国民の膨大な戦死者や困窮は、全く無意味であったことに、何ら責任を感じていません。このように、**日本の私利私欲の権力者は**、彼らが日本の伝統として重視すると公言している、人の道や武士道の精神などを踏み外した、**権力・利権の亡者**です。

また、常識的に考えて、現代日本が将来自滅状態に陥りますと、アメリカが、自力で復活できない日本を、民主主義の立場からは筋が通らない、巨額の資金を注ぎ込んで再生させることはありません。その事態になりますと、日本の権力者は、上記の戦後のように、中国にすり寄って実質的に日本を中国に売り渡し、自分達の政権と権力・利権を確保し、我が世の春の繁栄を維持するでしょう。それにより中国は日本の属国化を実現し、日本国民は、日本の過去の中国での蛮行への復讐として、低賃金で中国にこき使われる下層階級の民族に落ちぶれ、独立国家としての日本は、実質的に消滅すると考えられます。

過去の日本では、私利私欲の権力者が、「伝統の統治法」により権力・利権を謳歌する独裁政治を実行して、日本の国家存亡の危機を繰り返し発生させました。ところが、太平洋戦争で日本を屈服させて占領したのは、幸い民主主義の旗手のアメリカであったことから、日本は、独立国家として存続できましたが、3回目の現在の「日本の停滞」では、日本の独立が非常に危ぶまれます。

この状況から、**『日本再生への改革』の最大の目的は、国民が自ら努力して、日本の歴史上はじめて、「国民による政府の監視」を日本で機能させ、権力者による独裁政治を排除するとともに、日本を〝自力で発展できる独立国家〟として存続させること**です。

第8章　3つの近代化による『日本再生への改革』

ここまでの本書の論述を総合して、〝明治維新が見落とした「日本の近代化の総仕上げ」〟を行う、『日本再生への改革』の骨子を論述します。

① 3つの近代化による『日本再生への改革』の概要

『日本再生への改革』は、明治維新以降の150年間に累積した、多くの問題を解消する、3つの近代化で構成される状況を論述します（**図8－1**）

(1) 『日本再生への改革』の目的は「理想」に向け進化を継続する国家の構築

『日本再生への改革』の**目的**は、図の国民が賛同して共有する、「人類の目的」に沿った「理想」の、**「日本が目指す姿」**（「目的」）の実現**に向け**、国民の総力を結集して、国家の「中身」の〝**進化を継続する成熟した国家（日本）**〟の**構築**です。その実現には、全ての国民が、何もしないのではなく、それぞれに努力を継続し、進化の実現が可能な「論理的思考」を習得して、「日本が目指す姿」の実現に貢献するとともに、「国民による政府の監視」を行って、政府を正しく機能させる必要があります。**この国家の状態は、欧米先進国が、歴史上の無数の悲**

- 目的: 「日本が目指す姿」に向け進化を継続する成熟した国家の構築
- 近代化1(緊急処置): 「論理的思考」による「合理的組織運営」に移行
  - 運営効率化で30%超の人員を捻出し成長分野へ。私的利権の根絶
  - 論理的な運営の実践を通じて論理的思考のOJT(緊急処置)を徹底
- 近代化2(緊急処置): "先進国の高度な質(「中身」)の国家"の実現
  - 政府: 出たとこ勝負 ⇒ 高い質の「全体構想」による戦略的な政治
  - 民間企業: 製造重視 ⇒ 知的創造重視の"高度な商品・サービス"
- 近代化3: 日本を「本来の民主主義」の成熟した国家に改革
  - "日本国憲法(「理想」)を共有し実現を目指す国民"を育成する教育
  - 愚民政策を根絶し、国民の「論理的思考」を強化する教育に移行
  - 「国民による政府の監視」を機能させて、国民の総力を結集する政治に移行し、「日本型の発展・自滅」の再発を防止して発展を継続
- 『日本再生への改革』の成功の鍵: 国を挙げて「無理なく実現」
  - 国民が『日本再生への改革』を理解して支持。与野党が一致協力
  - 司令塔は政府: 「日本が目指す姿」を着実に実現する戦略的な政治
  - 実行は全国民: 「楽するために努力」を行い「楽して大きな価値創造」

図 8－1　3つの近代化による『日本再生への改革』

劇や失敗に学んで構築した、「本来の民主主義」などの「欧米型統治」(「方法」)により運営される、**成熟した国家**の状態です。

そして、この改革により、日本を進化を継続する国家に再生して、**第7章③(2)**の独立国家としての日本の存続を実現します。

(2) 3つの近代化による『日本再生への改革』

図8－1の『日本再生への改革』の核心は、日本の統治法を、〝従来の進化の実現が不可能な「日本人の考え方」に基づく「伝統の統治法」〟から、「本来の民主

主義」を含む「欧米型統治」に進化させる、明治維新が見落とした日本の近代化の**下記④の近代化3**です。ところが、現在の日本は、いわば、重体の病人で、先進国ではない国に次々と追い抜かれる状況にあり、最終的に20～30年程度は必要な、近代化3の改革だけを実行したのでは、「日本の停滞」と少子高齢化が一層悪化して、日本の再生は不可能になります。

その最悪の事態を回避して日本を確実に再生するため、現在の「日本の停滞」の直接的な2つの原因、いわば、〝出血を続ける病巣への**緊急処置**〟の改革を行ないます。それらは、**第5章**①⑸の、日本の組織の、人手による運営の問題などを解消する**次項②の近代化1**と、日本の政府の出たとこ勝負の政治と、**第5章①**⑺の民間企業の製造重視の時代の産業構造の改革などを行う、**下記③の近代化2**の2つの改革です。これらの2つの緊急処置の近代化の改革には、国民が**「論理的思考」**を実行できる必要があり、その思考方法を、図の4行目の**緊急処置のOJT**で教育しながら、5年程度をかけて近代化3と並行に実行します。

なお、少子高齢化は日本を自滅させますので、少子高齢化対策は、本書の対象外ですが、日本の再生の成功の必須条件です。

② 近代化1（緊急処置）：「論理的思考」による「合理的組織運営」に移行
―運営効率化で30％超の人員を捻出し成長分野へ。私的利権の根絶

現在の「日本の停滞」が、いわば、重体になり、大量の出血を発生させている原因の1つの、**第5章①⑸**の、日本の組織の昔ながらの人手による運営の問題などの解消を行う、**図8－1**の緊急処置の近代化1を要約します。

⑴ 進化を継続する事前解決型の「合理的組織運営」（「方法」）の概要

進化を継続する「合理的組織運営」を、国家の政治を例に要約します（**図8－2**）。組織の運営で最も重要な、組織が実現を目指す**「目的」**の、〝世界に通用する**「理想」**〟に沿う国家像の**「国家が目指す姿」**は、各国の**憲法**に記載され、国家の活動の全て（**「全体」**）を意味します。また、この「目的」は、この後の「合理的組織運営」のための、**「構想」**から**「実行」**に至る全ての**「細部」**を、**第7章②⑶**の**「論理的思考」**に基づき、**論理的な一貫性**を維持して構築する際の、全ての判断の〝**変わることがない「絶対的判断基準」**〟になります。また、憲法だけでは、国民がイメージを共有できませんので、〝中長期的に国家が実現する、

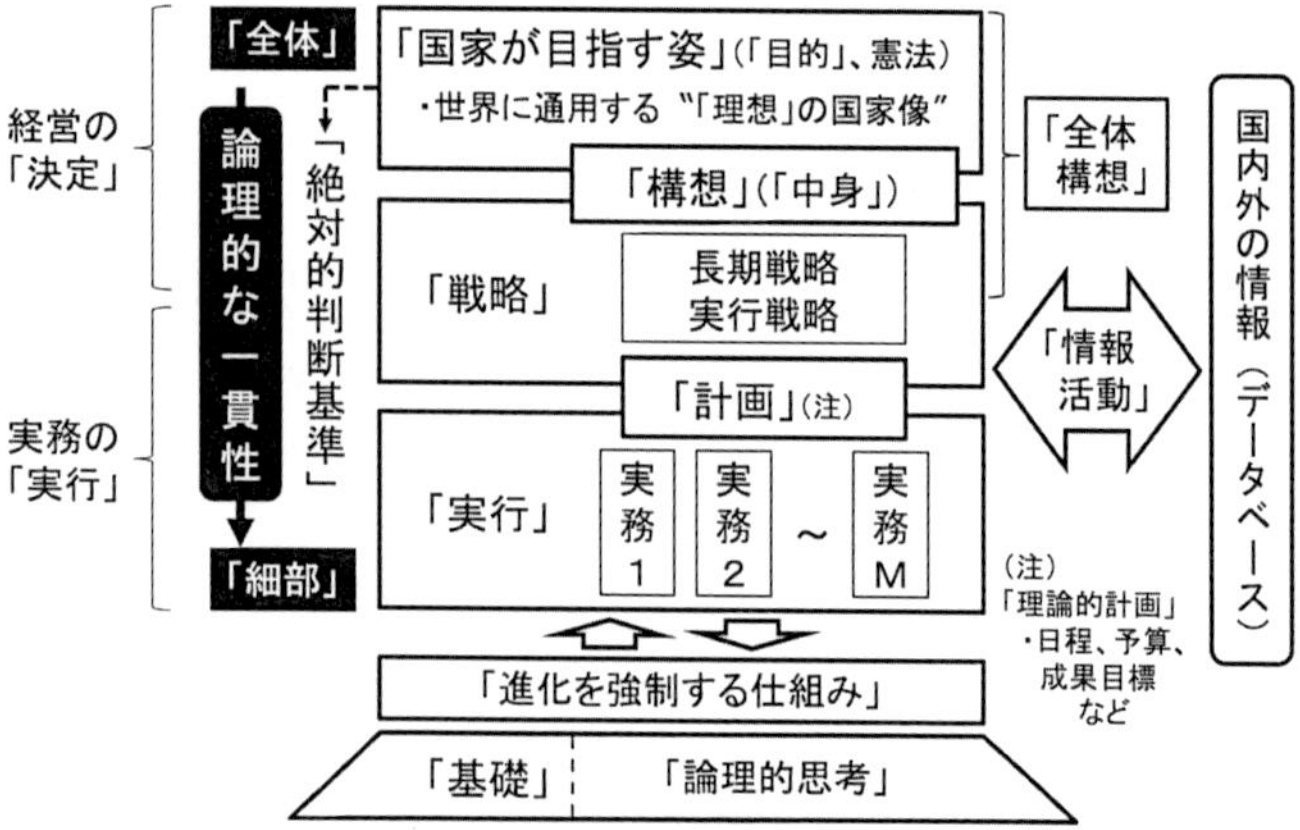

図 8－2　進化を継続する事前解決型の「合理的組織運営」

国家の**「中身」**を示した“**「構想」**”を策定し、“「目的」と将来の「構想」を実現する**「戦略」**”の**長期戦略**を構築します。ここまでが、政治の責任を持つ内閣が実行すべき、国家の『**経営の「決定」**』の**「全体構想」**です。

「全体構想」は、『**実務の「実行」**』を行う各省庁などの実行部門に引き継がれ、**実行戦略**を策定して、それに基づく**日程、予算、成果目標**などを明示した、**論理的な一貫性**がある、**実務1〜Mの「計画」**(**「理論的計画」**)を策定します。その「計画」の実行可能性を徹底的に評価して合格すれば、“それらの**「実行」**”に着手します。このように、**図8－2**の「合理的組織運営」は、〝組織が「目的」の達成のための「実行」を行う前に、基本的に全ての問題を排除する**事前解決型**〟の運営であり、将来の国家の「中身」の「構想」や「目的」を、高い確率で達成します。

「合理的組織運営」の「実行」の効果的な遂行のために、上記の〝徹底的に検討して構築した、事前解決型の運営の業務方法を、「細部」まで正確に記述した**マニュアル**〟を策定し、それを基に**IT化・デジタル化**を行って、**最大限の効率を実現**します。このように、マニュアルを最初に構築するには、膨大な経営資源の投入が必要ですが、マニュアルは、対象の業務の「全体」を「細部」まで、完全に解明して最適化した、貴重な**知的財産**です。そして、次のように、**マニュアル(知的財産)を再利用して、今後の長期間、業務の各種の改良などを短時間で実現し、論理的に実現可能な限界まで、競争力の向上などを継続**します。

「合理的組織運営」では、**前著4**のように、〝常に運営の実行状況や問題の発生、世界の進化などを監視し、マニュアルを改良して、運営の質を向上させる**図8－2の「進化を強制する仕組み」**〟により、業務方法の進化と競争力の向上を継続します。それにより、現在では海外組織の運営の高度化は著しく、日本の自動車企業の品質は、**トヨタを除いて世界の平均より低いのが現実です。**

また、「論理的思考」の判断の正確さは、判断の根拠の情報の質と量に依存することから、「合理的組織運営」の場合も、図の〝**国内外の情報**を幅広く収集して、容易に活用できる**データベース**を構築し、全部署で情報を活用する高度な**「情報活動」**〟が必須になります。最後に、この事前解決型の緻密な運営を実行するには、「論理的思考」が必須の「**基礎**」になっています。

このように、**欧米先進国は、徹底した「情報活動」**を行い、**「論理的思考」に基づき**、国家が実現を目指す**「目的」の実現に常に最適化**した、「全体構想」から「実行」に至る**緻密な、「合理的組織運営」を実行**します。これこそが、状況変化にもかかわらず、彼らが**図1－4の順調な進化を継続できる秘密**です。

⑵ 日本の政府や組織の「日本型組織運営」の実態

第3章③⑵の太平洋戦争や**第6章**⑥のアベノミクスの、**日本の政府や組織の「日本型組織運営」では、『経営の「決定」』の「全体構想」の「戦略」はなく、「実行」だけを、緻密な「計画」もなく口から出まかせの出たとこ勝負で行う**状況で、世界に勝つのは不可能です。その上に、日本での『実務の「実行」』の「方法」にも、『経営の「決定」』と類似の、次の大問題があります。

日本組織の『実務の「実行」』では、実務の全体像や将来の変化などを検討せず、**出たとこ勝負で目の前の実務の「方法」を構築**します。ところが、時間の経過に伴い、新たな実務、実務の内容や環境の変化などが発生し、**その変化のたびに、実務の修正を積み重ねます。**また、その実務の「方法」には、**各省の省益や政権政党の利権などの、無数の私的な利権が複雑に組み込まれる、**日本特有の大問題があります。そして、伝統重視の日本では慣習として、**実務の「方法」は、上記の修正を積み重ねながら先輩から後輩に引き継ぎます。**本書では、その〝日本の『実務の「実行」』の「方法」（業務方法）を**慣習的業務**〟と呼びます。

その結果、日本の慣習的業務は、**上記(1)の常に最適化される欧米の運営の「方法」とは対照的**に、過去の多くの脈絡がない修正と利権が蓄積され、その〝「全体」を「細部」まで完全に理解している人は誰もいない、**迷宮のような「方法」**〟になっています。そのため、慣習的業務は、本来、『実務の「実行」』が目指すべき、「国家が目指す姿」を最適に実現することも、その「実行」の際に問題を発生させないこともあり得ず、**必ず手直しが必要**です。この日本政府の『実務の

「実行」』の「方法」が、完璧からは程遠いことが最大の原因で、**第5章①⑸**のデジタル化では多数の問題の発生が避けられません。

⑶ 伝統の「日本型組織運営」から「合理的組織運営」に移行することが必須

このように、**日本の国家の司令塔の内閣は、『経営の「決定」』の「全体構想」をほとんど構築せず、出たとこ勝負で政策を決定**するため、**的外れな政策、やり直しや後始末、私的な利権の確保などの大きな無駄**を発生させます。

また、**『実務の「実行」』を行う省庁は、出たとこ勝負の実行**に加え、実務の「方法」は、誰も詳細を熟知しない**迷宮のような慣習的業務**であり、**「実行」の誤り、手直し、私的な利権の確保などの多数の無駄**を発生させます。これらの2種類の問題のため日本の活動の効率は大きく低下します。

日本人には、政治を含む伝統の「日本型組織運営」は、世界的に優れているとの自負がありますが、その昔から引き継いだ運営は、**上記**⑴の欧米の常に進化を継続する、**図8－2**の「合理的組織運営」と比較して、正確さや効率の面で大きく劣っています。実際、日本人の1人当たりの労働生産性（労働の効率）は、**図6－2**のように、OECD加盟38カ国の平均の約4分の3、アメリカの約半分であり、これでは、日本国民の幸福を実現するのは不可能です。

別の日本の大問題は、現在、日本はデジタル化を強力に推進していますが、次の理由から、**現在の政府の進め方ではデジタル化の成功は不可能**であることです。日本の政治には、上記のように、『経営の「決定」』と『実務の「実行」』の両方に大問題があり、**「政治の方法」としては諸外国より大きく劣ります。**一方、デジタル化で実現できる唯一のメリットは、**第5章①(5)**の人が指示したマニュアルの通りに、コンピュータが高速かつ正確に業務を実行することだけです。従いまして、**〝諸外国より大きく劣る現在の「政治の方法」〟をデジタル化しても、日本が彼らと互角以上に戦うことは不可能**です。しかも、そのデジタル化された政治は、今後、長期間継続されて膨大な無駄を垂れ流します。

この問題を克服して、デジタル化により、彼らと互角以上に戦うには、まず、日本が、彼らと互角以上の〝**新**「政治の方法」〟に改革した上で、その〝**新**「政治の方法」〟をデジタル化する以外の方法はありません。

このように日本が、伝統の「日本型組織運営」を継続すれば自滅に至ることから、緊急処置として、欧米と互角以上の〝**新**「政治の方法」〟を構築する必要があります。ところが、日本人が、**上記⑴の「合理的組織運営」に勝る、**新しい組織運営の「方法」を、生み出せないことは誰の目にも明らかです。

従いまして、まず、**日本は、古来の伝統の「日本型組織運営」は世界的に優れているとの、誤った幻想は捨てること。**そして、**第7章②⑴**のように、**近代化1の改革として、日本全体の組織運営の「方法」を、「論理的思考」による、「合理的組織運営」に移行させる以外の方法はありません。**

⑷ 「楽して大きな価値創造」：日本国と国民の発展を「無理なく実現」

日本が伝統的な運営を卒業して、**前項⑶**の「合理的組織運営」への移行、デジタル化、効率向上を実現する意義を確認します。人間の活動は、肉体的活動と頭脳的活動の2つで構成され、人類の進化に伴い、肉体的活動は機械により、頭脳的活動はコンピュータにより、順次代替できる範囲が拡大します。この状況の中で、日本人は伝統的に、体験を通じて体で覚える匠の技などを重視し、その伝統を守り続ける強い傾向があります。ところが、この日本の伝統を踏襲する人手が主役の「方法」では、人類の進化に伴い、多くの分野で、高性能な機械とコンピュータを併用する「方法」に、勝つことが不可能になっています。

従いまして、高性能な機械やコンピュータによるデジタル化を含む、「合理的組織運営」に移行すれば、同じ成果の創造（価値創造）に投入される、人の時間と肉体的精神的負担を大きく軽減できます。それらの結果、**同じ時間に人が実行する価値創造は、日本の伝統の「方法」の「日本型組織運営」より、「合理的組織運営」の方が各段に大きくて効率が高く、高額の給与を実現できます。**

すなわち、**「合理的組織運営」への移行の目的は、「楽して大きな価値創造」を実現することで、国民は何もしないのではなく、第7章②⑷～⑸**の「論理的思考」の学習、「合理的組織運営」への移行などの、**「楽するための努力」を実行する必要**があります。ただし、その努力は、価値創造の増加に伴う給与の増額で報われ、**日本国と国民の両方の発展を「無理なく実現」できます。**

⑸ 「論理的思考」のOJTを実行しながら「合理的組織運営」への移行を実現

以上の分析に基づき、緊急処置の近代化1として、日本の組織運営を、**図8－2**の「論理的思考」により進化を継続する、事前解決型の「合理的組織運営」に移行する改革を実行します。次に、**前著4**から、その改革の留意点のみを要約します。改革後のデジタル化を含む、「合理的組織運営」の政治の「方法」は、**上**

記(1)のように長期間改良しながら使用され、日本の競争力を左右します。従いまして、㈠世界の進化を予測して織り込み、実現可能な最良の〝業務の「方法」〟(「政治の方法」)を構築して、従来の各地でバラバラの「方法」ではなく、全国で統一的に使用。㈡従来の日本では、**担当部署が密室で「政治の方法」を構築し、利権・誤りなどを無数に発生させた問題を根絶**するため、第三者の弁護士、IT専門家、関係者などを含むチームにより、**透明性を確保して新しい「方法」を構築。㈢各部門の「方法」は**、政府の「全体構想」(「全体」)から全ての「細部」まで、**図8－2の論理的な一貫性を確保して構築**し、**〝誤りがない事前解決型のマニュアル〟を策定**する。**そのマニュアルを基にデジタル化**を実行する。

㈣この**上記㈠～㈢**の論理的な一貫性の確保などの**論理的な運営の実践**は、**図8－1の各人への「論理的思考」のOJT**になります。従いまして、その作業を、「論理的思考」の専門家の、理系の研究者や技術者などに指導させ、各人の〝「論理的思考」を強化する**緊急の処置のOJT**〟として、徹底的に活用します。なお、**下記④(3)**の教育により「論理的思考」を習得した日本人が、世に出るのに20年程度必要なため、このOJTは全ての改革の成功の鍵になります。

(6) 〝組織運営の「方法」の進化への対応〟の日本と欧米先進国の差異

「合理的組織運営」への日本の移行に関連して、企業を例に欧米先進国の組織の状況を要約します。**実力主義**や**「合理的組織運営」**を含む、進化の実現が可能な**「論理的思考」**の、**欧米の経営者と従業員は、**企業の**価値創造の拡大だけが、両者の発展を「無理なく実現」**できることを熟知しています。また、**何もしない、従来と同じ仕事の同じ業務方法の繰り返し**では、**価値創造も給与も停滞すること**を認識しており、**あらゆる面で進化を継続することを目指します。**

その実現のため、**㈠現状の仕事の継続の場合は、**両者は過去と同じ業務方法を繰り返し実行することを嫌い、体系的に進化を実現できる「合理的組織運営」により、**「楽するための努力」を行って業務方法を効率化させ、給与増額と人員削減を「無理なく実現」**します。㈡この人員削減で捻出した人員などの、**仕事を変える場合は、新規事業の開拓や成長分野への転職などで、給与増額を「無理なく実現」**します。**㈢従業員は、**常に現在の仕事の将来性を監視し、自らの給与を増額する将来の転職に備えて、**新しい技術を身に着ける準備なども行います。**

そして、日本と対照的に**欧米の企業や産業の新陳代謝も進展**します。

この「論理的思考」の欧米と対照的に、**終身雇用**の日本では、伝統の慣習的業務を、先輩から引き継ぎ守りますので、その進化は限られます。例えば、終戦直後などの「方法」が、現在も使用されている可能性もあります。

この両者の差異が、両者の進化や効率の差異を生み出すため、「日本の停滞」の克服には、日本の組織運営の「合理的組織運営」への移行は必須条件です。

⑺ 運営効率化で30%超の人員を捻出し成長分野へ。私的利権の根絶

デジタル化を含む「合理的組織運営」への改革の、近代化1で実現する効果は、**第5章①⑸**の、組織の運営の効率化による30%以上の人員の捻出と、**上記⑶と上記⑸㈡**の各組織の無数の私的な利権の排除による効率化です。ただし、この**30%の捻出した人員には**、**従来の何もしないのではなく、下記③**の近代化2で実行する、**前項⑹㈡**の〝大きな価値創造が可能な**成長分野**〟への職種転換などに向けた、**「楽するための努力」を実行**して、従来にない**新しい価値創造を実現**していただくことが必須です。そして、それらの**効率化と成長分野での新たな価値創造などの相乗効果で、国民と国家の両方の発展を「無理なく実現」**します。

⑻ 近代化1の2つの意義：『日本再生への改革』の成否を左右
―日本の発展実現の基盤、『日本再生への改革』の期間を生き伸びる鍵

この「合理的組織運営」への移行を行う近代化1は、作業レベルのつまらない改革との印象を持たれるかもしれませんが、この改革には、2つの極めて重要な意義があります。組織というものは、戦略などが優れていれば発展するのではなく、人間に例えれば、肉体に相当する組織運営方法においても、世界に対して優位性がなければ発展は不可能です。この観点から、近代化1の第1の意義は、**現在重体の日本が、『日本再生への改革』の後に、順調な発展を継続するために必須の基盤の、人の場合の健全な肉体への改革を行なう**ことです。

第2の意義は、近代化1は、重体の日本の出血を止めて、**日本が自滅することなく、『日本再生への改革』の期間を生き伸びる鍵**であることです。なぜなら、「日本の停滞」の克服には、次項の近代化2の改革により、従来の日本にない、新たな価値創造を実現する必要がありますが、過去の政府の無策から、当面は、それを実現する目途はなく、**図1－1**の日本の米ドル換算のGDPの伸びの実現は困難です。従いまして、**次項③**の近代化2により、新たな価値創造が本

格化するまでの10年程度の期間は、近代化1の効率向上により生き延びるとともに、その間に**前項**⑺で捻出した人材などにより、新たな成長分野の事業などを創出する近代化2の改革を、確実に達成する以外に方法はありません。

結論として、膨大な工数と5年程度の時間が必要ですが、将来の日本の発展の基礎固めを行う近代化1の成功なくして、『日本再生への改革』の成功はないため、日本の総力を挙げて可能な限り早く完了させることが必須です。

③ 近代化2（緊急処置）：〝先進国の高度な質（「中身」）の国家と組織〟の実現

― 政府：出たとこ勝負 ⬇ 高い質の「全体構想」による戦略的な政治

― 民間企業：製造重視 ⬇ 知的創造重視の〝高度な製品・サービス〟

図8－1の緊急処置の近代化2では、現状の日本の国家と組織の質は、価値創造が低く、後進国並みの状態であるのを改革して、**〝先進国の高度な質（「中身」）の国家と組織〟を実現**します。近代化1の「合理的組織運営」への移行は、**第7章②⑵**の無色透明な「方法」の改革で、質（日本の本質の「中身」）が進化

することはなく、特に近代化2の組織の質の改革が必要な分野は2つです。その1は、現状の日本の**政府（組織）**の出たとこ勝負の政治（経営）を改革して、**図8－2**の〝『**経営の「決定」**』を、**「全体構想」による戦略的な政治（経営）**〟に**改革**する近代化1に加えて、その**「目的」、「構想」、「戦略」などの「中身」を諸外国以上の高い質に改革**することです。その2は、現状の日本の**民間企業**の、**製造重視の産業構造を改革**して、まず、**上記②⑺**の**30％**の人員に加え、製造を後進国に委託して人員を捻出する。次に、それらの人員も投入して、**第5章①⑺**の『自社の〝**高度な商品・サービス**〟などの、「中身」の特徴を生み出す知識を創造し、知的財産権で保護して他社の模倣を防止する。そして、自社商品を差異化して事業を発展させる、**知的創造重視**の産業構造』に移行することです。

これらの2つの改革は本質的に同じで、世界の諸外国以上に**正確な将来予測を行うこと**が成功の鍵です。その上に、諸外国以上に**的確で高度な「中身」の、将来の日本や自社の「構想」、「戦略」などの「全体構想」を策定**できれば、今後の日本の発展の鍵の、戦略的な政治や新しい成長分野の事業で、世界に勝つことができます。ところが、進化の実現が不可能な考え方の従来の日本人は、**第6章**

⑥のアベノミクスの政治のように、「知力の差異」のために、中長期の「全体構想」の策定を行ったことがありません。

そのため、「論理的思考」に移行して、将来予測から「戦略」、「計画」などを策定しても、成功は困難と予測されます。しかしながら、**『経営の「決定」』の「全体構想」を、政治家・官僚や経営者が、諸外国以上の質で実行することが、今後の日本の国家や組織の成否を分ける**ことから、失敗も糧にして、近代化2の改革を成功させなければなりません。すなわち、**政治家・官僚や経営者も、彼らが本来責任を持つ『経営の「決定」』を、世界と互角以上に適切に実行するために、懸命に「楽するための努力」を行うことが必要です。**

④ 近代化3：日本を「本来の民主主義」の成熟した国家に改革

日本は長い歴史がある国ですが、残念ながら国家が目指すべき、**第7章①**の「人類の目的」の、『全ての人々の幸福を含む「理想」の世界の実現』を目指して統治する、成熟した国家を樹立した歴史がありません。そして、私利私欲の権力者は、常に独裁政治を実行し、「日本型の発展・自滅」による国家の危機を繰り返し発生させました。従いまして、近代化1〜2の改革を実行しても、現状の政治を継続すれば、20-30年後には、「日本型の発展・自滅」の国家の危機が再発し、元の木阿弥になります。この**「日本型の発展・自滅」の再発を完全に防止するために、日本を「本来の民主主義」の成熟した国家に改革する、図8-1の近代化3を実行し、『日本再生への改革』の仕上げを行います。**

本項では、**第6章③**も参考に、まず、日本には民主主義が浸透しない理由を論述し、次に、近代化3の「本来の民主主義」が、機能するために必須の**第4章③**(2)〜(4)の3項目を、日本に定着させる改革に関して論述します。

(1) 日本に民主主義が浸透しない理由：日本国憲法に反する封建的な常識

─日本人の封建的な常識を消し去る日本の歴史教育の抜本的改革が必要

日本人は、現代日本の「理想」の「日本が目指す姿」は、『「人類の目的」に沿う民主主義の国家』であると定めた、**〝日本国憲法を「絶対的判断基準」として活動〟しなければなりません。**なお、幅広い分野を記載している、日本国憲法が意味する「日本が目指す姿」を要約した一例は、「全世界の人々の幸福と平和の実現を目指し、全ての国民が能力を発揮して貢献し、〝発展を永続〟する民主国家」です。ところが、政府は、**第6章③⑵**の、〝日本の歴史は成功の連続との虚像の日本史〟を国民に教育し、日本の国際法違反の侵略、人道に反する虐殺、国民の困窮などの、歴史上の問題を教えません。そのため、日本では、憲法違反の時代劇が広く受け入れられ、勝てば官軍で「勝者が支配者」になるなどの、伝統の封建的な常識が、広く国民の間に定着しています。そして、**国民は、憲法ではなく、その封建的な常識に基づき判断することから、民主主義は日本に浸透しません。**なお、当の日本人は、この自分の状況に気付いていません。ところが、戦後に日本の民主化を進めたアメリカ占領軍のマッカーサーは、「科学、文化などの近代文明の面では、アメリカ、イギリスは成人の45歳、ドイツもそれに近いが、日本は勉強中の12歳」と述べ、この問題に気付いていたと推定されます。

この観点から、**前著4と本書の第1～3と5章**の日本の歴史では、政府の虚像の日本史ではなく、**第6章①⑴**の戦後のドイツのように、下記の〝**日本国憲法を基準に判断した実像の日本史**〟を論述しています。この実像の日本史では、過去の日本の権力者が、臭い物に蓋をした虚像の日本史にはない、多くの日本の歴史上の問題が明らかになっています。なお、**欧米先進国は、「国家が目指す姿」の「理想」（憲法）を基準に、歴史を評価して問題を洗い出し、政治の是正を行って進化を継続し、それを実行しなかった日本は停滞**しました。

日本を民主主義国家に改革するには、**第6章③**を参考に歴史教育の抜本的改革を行い、封建的な常識を消し去る必要があります。そのためには、**〝日本国憲法を「絶対的判断基準」に、日本の歴史上の多くの問題を明確化した実像の日本史〟**を、国民に教えることが必須です。その日本史教育の目的は、「理想」の「日本が目指す姿」の実現に向けた、日本の進化の歴史と今後克服すべき課題を明確化することです。この視点からは、近世以前の日本には、私利私欲の有力者が、権力争いに勝って繁栄を謳歌し、国民を不幸に陥れた歴史しかなく、現代の日本人が学ぶ意味はないため、**近世以前の日本史教育は大幅に縮小**します。

明治以降の近現代に関しては、日本が世界中で発生させた多くの問題を明確にした、**実像の日本史**を策定します。そして、**国民に、その近現代の実像の日本史を教育して、封建的な常識に基づく、日本の近現代の実質的な独裁政治には、それらの問題を発生させた致命的な欠陥があり、日本国憲法が示す民主主義を、実**

現する必要があることを認識させます。

これらの日本の歴史は、成熟した国家の米英仏の、独裁政治が行われた〝歴史の前半〟に対応し、彼らは、歴史の後半で市民革命や独立戦争を実行して、1790年頃には「本来の民主主義」を確立しました。ところが、**未成熟な国家の日本には、〝「本来の民主主義」を確立した日本史の後半〟がありません**ので、日本史の後半の代わりに、米英仏や**第6章①⑴**のドイツの、民主主義確立の歴史の後半を解説して、**日本人に日本の政治の未成熟さを自覚させます。**

なお、この日本史の歴史教育の改革と並行して、**民主主義に反する時代劇や日本史関連の放映などには、適切な規制を行う**ことなども必要になります。

⑵ 〝日本国憲法(「理想」)を共有し実現を目指す国民〟を育成する教育

「本来の民主主義」に必須の**第4章③⑵**の2項目の中の1つ目の、日本国憲法の国民への定着に関して論述します。**本来、国を含む組織は、組織が実現を目指す「日本が目指す姿」などの、「理想」を「目的」として掲げ、毎年活動の成果を積み重ねて、「目的」の実現に向けて進化を継続します。**ところが、**理想を持たない日本人の内閣、各省、各政党などは、**ウェブサイトに彼らが目指す「目的」を掲載していませんので、**組織の最も重要な「目的」を持っていないと判断せざるを得ません。**実際、各政党は、**第6章④(2)**のように、集票のための自らの支持勢力への利益誘導の活動を行っており、日本全体の発展などを目指していないと判断されます。**この状況では、**日本の「理想」の日本国憲法が機能せず、日本が発展できないのは当然です。従いまして、まず、日本人が共通の理想を持たない問題を克服するために、政府が主導し、抽象的な日本国憲法の条文に基づき、「日本が目指す姿」の「理想」を解説する、ウェブサイトや出版物を作成して、国民の理解を深めることが必要です。そして、内閣、各省、政党、企業などの**日本中の全ての組織は、**それらの内容も含め、**日本国憲法が示す「理想」の「日本が目指す姿」に沿った、各組織が実現を目指す「目的」を示すべきです。**

日本国憲法は、日本人が実現を目指す「理想」の国家像を示しており、日本の教育の中で最も重要な項目ですが、従来は、通り一遍の憲法の教育しか行われていません。そこで、今回は、**前項(1)**の歴史教育の改革により封建的な常識を払拭し、**日本国の「目的」は、上記の日本国憲法が示す「理想」の「日本が目指す姿」の実現であると明示し、憲法の重要性を国民に徹底**します。そして、上記の近世以前の日本史の教育を縮小して捻出した時間を活用し、**〝日本国憲法（「理想」）を共有し実現を目指す国民〟を育成する教育を強化**します。その教育では、**第6章③⑴**のように、憲法の条文などに加え、その意義の理解を深め、**国民に憲法を確実に定着させる教育**を行ないます。そのため、例えば、〝社会科学の分野〟の、公民、道徳、生活などの教育は、日本国憲法の条項を根拠にした教育に改定し、国民が、日常的に憲法が意味する「理想」に沿って、判断や行動を行うように導き、憲法がお題目ではなく身近に感じられるようにします。

また、従来の日本では、太平洋戦争の原因は、大日本帝国の実質的な独裁政治であったことは一切説明されません。ところが、今回は、日本国憲法の民主主義により、歴史上最悪の悲劇の太平洋戦争の開戦、その中での無意味で膨大な国民の犠牲、各種の虐殺、特攻攻撃などの大問題は、阻止されることを確認する事例研究を、高校生たちに必ず実行させます。そして、**日本国憲法の民主主義は、日本の伝統の封建的な常識に基づく、独裁政治による権力者の暴走を阻止して、国民の幸福を実現する鍵**であることを認識させます。なお、これらは、**上記⑴**の日本の〝歴史の前半〟の歴史教育の一環でもあります。

それらを総合して、日本人を、日本にとって最も重要な〝日本国憲法（「理想」）を共有し、その実現を目指す国民〟に育成します。

(3) 愚民政策を根絶し、国民の「論理的思考」を強化する教育に移行 ――本格的な「論理的思考」の教育方法はアメリカなどに学ぶしかない

「本来の民主主義」に必須の**第４章③(2)**の残された項目の、「論理的思考」の国民への定着を論述します。次の理由から、**日本の歴代政府の最大の失敗は、日本人に思考方法を教育しない愚民政策を徹底したこと**です。例えば、アメリカ人は、幼少期から思考方法の「論理的思考」の教育と訓練を受け、高校卒業時には、「理想」を基準に、正しい判断を実行する能力を身に付けるはずです。

他方、**日本人は**、思考方法を教育されず、**第６章③(2)**の虚像の日本史や伝統を含む、知識を詰め込まれます。そして、高校卒業時でも、**〝政治などの社会科学の面では、詰め込まれた知識を基本に、私利私欲の調整などを加えて主観的な判断〟を行いますので、判断は画一的で正しいとは限りません。**その後、社会経験でも思考方法を学ぶことはなく、同じ主観的な判断を続けます。

その結果、**「論理的思考」を実行できない日本人と、アメリカ人の「知力の差**

異」**は縮まることはなく拡大し、両者の活動の成果の差異も拡大**します。

また、**日本の大問題は、**日本の学校などの教育者、関連の研究者・官僚などには、従来の日本流の知識詰込み教育以外の、教育の見識があるとは考えられず、**世界と互角に戦える、「論理的思考」の教育がほぼ不可能**なことです。

従いまして、社会人には、**上記②⑸**の「論理的思考」の強化のOJTで思考能力を強化します。そして、**学生への本格的な「論理的思考」の教育に関しては、アメリカなどの「論理的思考」の教育方法を学んで、世界競争力がある日本の「論理的思考」の教育体系を、構築する以外に方法はありません。**

この困難はありますが、今後の日本人の活動成果の拡大には、進化の実現が不可能な伝統の「日本人の考え方」から、進化の実現が可能な「論理的思考」に移行することが必須です。従いまして、政府は最重要政策として、その競争力がある「論理的思考」の教育体系を、短期間に実用化しなければなりません。

⑷ 「国民による政府の監視」を適正に機能させる改革

「本来の民主主義」に必須の**第４章③⑶**の「国民による政府の監視」を、適正に機能させる改革を論述します。**現代日本で「国民による政府の監視」が骨抜きに**

される、2つの大きな原因は、その監視に必須の「論理的思考」と「理想」を機能させせない、**日本人の封建的な常識と**、権力者が国民に絶対服従を強いる**「独裁化制度」**です。第1の原因の**封建的な常識などは、上記⑴〜⑶の改革により排除**します。残された第2の権力者の独裁を可能にする、**第6章④⑷の強力な「独裁化制度」**の、権力者や上長への絶対服従の強制、権力者による情報の隠ぺいを含む情報の歪曲、マスコミへの圧力などに関しては**全て禁止**します。

それにより、**日本の国民が、権力者などに影響されることなく、判断に必要な正確な情報を入手し、日本国憲法を基準に、「論理的思考」を実行して、「国民による政府の監視」を適正に機能させる環境を整えます。**

⑸　発展を継続する「本来の民主主義」の政治の成熟した国家の日本に改革

――「国民による政府の監視」で「日本型の発展・自滅」の再発を防止

「本来の民主主義」に必須の**第4章③⑷**の、権力者の腐敗の防止に関して論述します。**権力者の腐敗を防止する必須条件は、三権分立により政治が厳密に法の支配により実行されること、**すなわち、**厳密に日本国憲法などを「絶対的判断基準」にした、「論理的決定」が行われること**です。

現代日本では、三権分立は、形の上では整備されていますが、**骨抜きにされて**適正に機能せず、**実質的な独裁政治が実行される大問題**があります。**その原因は、**日本の権力者が、自らに好都合な主張を、**第6章⑥の「やってる感」**や**第4章①**の主観的な判断による**水掛け論**により、**多数決の暴力**を用いて押し切る慣例。**第6章④(4)**や⑥の選挙で勝てば過去の**失政を闇に葬る**慣例、政権与党の**不適切な利益誘導**の慣例などにより、与党に有利な政治を行うことです。すなわち、**日本人の〝権力者に有利な主観的な判断〟**が原因ですので、**国会審議を含む政治の決定を、次の少数意見を含む適正な結論に至る、「論理的思考」による、日本国憲法などを「絶対的判断基準」にした、「論理的決定」に改革**します。

まず、近代化1~2により、**政府は、〝「全体構想」による戦略的な政治〟に移行し、利益誘導の政治を脱却して、「理想」を目指す政治に転換**します。次に、**将来の政策**の場合は、**図8－2**の「戦略」、その根拠の理論、「理論的計画」の途中や最終の結果の数値などを含めて、**幅広く情報公開を行い、それを基に与野党が「論理的決定」を行う国会審議を徹底**する。**過去の政策**の場合も、政策の実行の全期間の情報を全て同じように公開し、その政策の結果を審議して**「論理的**

決定」の評価を行う。**この2つの「論理的決定」への改革**の後には、国会での審議のたびに短時間で、今後の政策の進化を生み、過去の政策の必要な是正が実行されます。それにより、**あらゆる政策の決定と実行の精度を向上させて、戦略的な政治を実現**します。その結果、**日本の着実な発展が継続される**はずです。

また、**上記(4)**の改革で報道の自由を獲得した、**マスコミ、評論家などは、**国会審議などに関して、政府、与党、野党などの**論理的で公正な評価を国民に提供し、「国民による政府の監視」を適正に機能させます。**

日本の国会では、一般的に、日常業務に関する質問に、首相、大臣が、官僚が作成した資料の、該当項目を読み上げて回答します。そして、**図8−2**の日本の発展を左右する「**全体構想」は審議されずに、**政府は重視することなく、出たとこ勝負の政治の問題が是正されないと判断されます。従いまして、改革後は、首相・大臣には、本来責任がある国家・各省の「全体構想」のレベルの質疑を行い、日常業務に対しては担当の官僚が回答を行うように改革します。

この**本項**(5)の改革により、**権力者の首相・大臣・官僚が本来実行すべき政治を、日本国憲法などを「絶対的判断基準」にした「論理的決定」による、高い透明性**

で公正に評価でき、彼らの腐敗などが防止されます。また、本項④(1)~(5)により、「本来の民主主義」の前提の第４章③(2)~(4)が全て満足されます。

この近代化3の結果、日本は、「国民による政府の監視」で、「日本型の発展・自滅」の再発を完全に防止し、国民の総力を結集した発展を継続する政治に移行して、歴史上初の「本来の民主主義」の成熟した国家に進化します。

⑤『日本再生への改革』の成功の鍵

日本を発展を継続する国家に生まれ変わらせる、『日本再生への改革』は、長い時間が必要な大規模な改革ですので、最後に、その成功の鍵を論述します。

(1) 〝日本史の後半〟の『日本再生への改革』を実行しなければ日本は自滅

大日本帝国の私利私欲の権力者は、世界の将来予測に基づく「全体構想」がないまま、口から出まかせのスローガンなどで国民をだまし、私利私欲の権力・利権の維持のための太平洋戦争を仕掛け、日本とアジアに悲劇を発生させました。

その際には、安易にＧＤＰの約9倍との分析がある、国債発行などの借金を私利私欲のために浪費し、戦後には、20倍以上のインフレなどにより、実質上、国民からの借金を踏み倒しました。すなわち、大日本帝国の権力者は、「日本型の発展・自滅」を極限まで悪化させて、日本を自滅させた、思考能力がなく人の道から外れた人々でした。現代日本では、自民党の権力者は、「全体構想」はなく、アベノミクスなどの口から出まかせのスローガンを旗印に、GDPの約2倍の1000兆円の国家の借金を、安易に積み上げる政治を行いました。ところが、「日本の停滞」が続いて国民生活は低迷し、結局、彼らは、膨大な借金を浪費して、自らの権力と利権を謳歌しただけで、大日本帝国の権力者と同罪です。

このように日本国憲法の現代日本では、民主主義の政治ではなく、政権交代がない実質的な独裁政治が行われ、私利私欲の権力者が日本を危機に陥れます。その原因は、日本には、「国民による政府の監視」が機能する、上記④(1)の「本来の民主主義」を構築した日本史の後半がないからです。

従いまして、**日本が、図8－1の近代化3の、〝「本来の民主主義」の成熟した国家への日本の改革〟を行う、日本史の後半の『日本再生への改革』を実行しない限り、権力者が「日本型の発展・自滅」により、日本を自滅させます。**

(2)　誰が、非常に困難で長期間の『日本再生への改革』を成功に導くか？

『日本再生への改革』の最も困難な課題は、誰が改革を成功まで導くかです。なぜなら、「日本の停滞」は、**第7章①(2)**の「日本流民主主義」の実質的な独裁政治により、私利私欲の権力者の自民党が、利権を握る現状の日本を変えない、現状維持の政治を行うため発生したこと。与党の自民党は、**第6章④(2)**の国政の利益誘導を武器に国政選挙に勝ち続け、その自民党の実質的な独裁政治は揺るがないことから、**権力者の自民党が、自ら、利権を独占する現状の政治を廃絶しない限り、第2章③(3)**のように**「日本の停滞」は継続**します。ただし、現状の政治を継続すれば、自民党には日本を自滅させた張本人との汚名が歴史に残ります。

このように、「日本の停滞」を克服する、**『日本再生への改革』を推進できるのは、「日本の停滞」の張本人の権力者の自民党のみ**です。

従いまして、例えば、自民党の最高責任者でもある首相が、その汚名ではなく、日本を自滅から救った日本史上初の〝真の英雄〟として、歴史に名を刻むことを決断されれば、事態は変わります。その場合は、首相が、本書の提案などを理解されて、従来の「戦略」も「計画」もない、口から出まかせのスローガンの政治ではなく、本来、首相が実行すべき「全体構想」を策定して、『日本再生への改革』を実行されれば、日本の改革を最も早く実現できます。これが日本にとって**『最善のシナリオ』**です。ところが、現実には、絶対的な権力を握る陰の私利私欲の権力者の、自民党の派閥の領袖たちが、自らが掌握する利権を手放すはずがないため、この最善のシナリオによる日本の再生はまずありません。

最も可能性が高いシナリオは、現在の自民党の利益誘導の選挙による、「日本流民主主義」の独裁政治が継続するシナリオです。その場合には、いずれ、「日本の停滞」が悪化して、残念ながら、日本には、長期の『日本再生への改革』を実行する体力がなくなって、**日本の独立が危機に陥ります。**

この自民党の実質的な独裁政治が日本を国家の危機に陥れる状況は、欧米先進国の歴史の前半の、18世紀中頃の市民革命の前の未成熟な国家と同じです。ところが、欧米は、歴史の後半の18世紀末には、市民革命などにより、「国民による政府の監視」に基づく政治の是正を行う、「本来の民主主義」の成熟した国家に到達して、順調に発展を継続しています。この事実から、日本は欧米に比較して、政治の進化の面では、250年程度後れています。

そして、日本が、現状の「伝統の統治法」の未成熟な国家にとどまれば、**前項(1)**のように、私利私欲の権力者が、日本を食い潰して自滅させます。従いまして、他山の石の欧米に学んで、日本を、政治の是正が機能する「本来の民主主義」により、国民の総力を結集し進化を続ける成熟した国家に改革する、〝日本史の後半〟の『日本再生への改革』を実行することが必須です。ところが、**「精神的鎖国」の日本では、はじめに**のように、**この日本の大問題は全く理解されておらず、その改革の本質を理解し推進する人物も見当たらない**のが現状です。

(3)『日本再生への改革』の成功の鍵：

― 国を挙げて「無理なく実現
― 国民が『日本再生への改革』を理解して支持。与野党が一致協力
― 司令塔は政府：「日本が目指す姿」を着実に実現する戦略的な政治
― 実行は全国民：「楽するための努力」を行い「楽して大きな価値創造」

このように日本は、「日本の停滞」の継続のために、自滅に突き進んでいる危機の中でも、それを解消する改革の実行への着手すら困難です。しかしながら、例えば、日本の首相が、**前項(2)**の『最善のシナリオ』の、長期の困難な『日本再生への改革』を実行される場合などの、**図8－1の『日本再生への改革』の成**

功の鍵は次の通りです。まず、政府・与党は、心を入れ替えて、従来の利益誘導の政治と完全に決別し、**『長い道のりの、「理想」の「日本が目指す姿」を着実に実現する、緻密な「全体構想」』を構築して、「理想」を目指す戦略的な政治に転換**します。また、この改革を行なう政治では、全国民が自らを改革する必要があることから、**国民が『日本再生への改革』を理解して支持**するように、政府が説得する必要があります。さらに、この長い期間の改革は、**第４章③⑵**のように**政権交代があっても継続**できるように、その「理想」を目指す政治は、野党の賛同も得て、**与野党が一致協力して実行できる改革**でなければなりません。

この改革は、安易な国債発行などに頼るのではなく、**第７章②⑸**のトヨタのように、**日本中を発展させて国民を幸福にする「目的」を、国を挙げて「無理なく実現」**しなければなりません。そのために、この改革では、従来と異なり、**政府は司令塔**として、上記の**「日本が目指す姿」を実現する緻密な「全体構想」**を構築します。そして、それに沿って、**国民は何もしないのではなく、実行は全国民**が分担し、自らを改革する**「楽するための努力」を行い、「楽して大きな価値創造」**を実現し、**日本の総力を結集して、『日本再生への改革』を成功に導きます。**

⑥『日本再生への改革』は「日本の近代化の総仕上げ」

本書の『日本再生への改革』により、日本の政治は、江戸時代と類似の、私利私欲の権力者の密室での出たとこ勝負の独裁政治から、「本来の民主主義」の、『国家が〝世界に通用する「理想」〟の実現に向け、国民の総力を結集し進化を続ける政治』に移行します。そして、ようやく、日本は、「精神的鎖国」から解放され、明治維新が見落とした「日本の近代化の総仕上げ」が完成し、歴史上はじめて、欧米先進国のように、停滞に陥ることなく、「人類の目的」に沿って、戦略的に国家の発展の継続を実現できる、成熟した国家に到達します。

この『日本再生への改革』は、積年の多くの問題の解消のため、20年以上の長く困難な改革です。しかしながら、改革後の日本は、過去に繰り返し日本を危機に陥れた根本原因が排除され、表紙の図のように、欧米と伍して発展を継続する国家に生まれ変わりますので、確実に成功させることが望まれます。

索引

（注）ゴシック表記の数字は語句や事項の説明の記述があることを示す

あ

お

か

き

く

け

こ

ち

て

と

な

に

ふ

ほ

図面一覧表（図面番号、図面の名称、掲載ページ）

著者プロフィール

西嶋　修（にしじま・おさむ）

1970年　京都大学大学院　工学研究科修士課程修了後、松下電器（現　パナソニック）入社、半導体製品の事業部門の子会社の松下電子に出向、当時　黎明期のMOS LSIの設計開発を担当。以降一貫してシステムLSI事業に従事。
1995年以降　開発センター長、開発本部長、松下電器役員　半導体社副社長を歴任。その間、JEITA半導体部会役員などの業界団体の役職も歴任。
2006年　退任。その後、JSTの産学共同実用化事業評価　専門委員、ベンチャー企業の顧問などに携わる。
2011年　高知工科大学　基盤工学専攻　学術博士。
著書　『日本再生への経営改革　日本人特有の「考え方と文化」で生き残れるか』（2014年）、『「日本型組織運営」の限界』（2016年）、『日本再生の決め手』（2019年）、『日本再生への改革　明治維新が見落とした「日本の近代化の総仕上げ」』（2023年）。

日本再生への改革（要約）

明治維新が見落とした「日本の近代化の総仕上げ」

2024年5月31日　初版発行

著　者　西嶋　修
発行所　株式会社 New York Art
〒103-0023　東京都中央区日本橋本町2-6-1
日本橋本町プラザビル9F
TEL 03-3663-7700　FAX 03-3663-7703
https://www.newyork-art.com/
発行者　中村 信子

印刷所　モリモト印刷 株式会社

ISBN978-4-902437-07-2　